book2

Deutsch – Französisch
für Anfänger

Ein Buch in 2 Sprachen

www.book2.de

GOETHE
VERLAG

IMPRESSUM

Johannes Schumann:
book2 Deutsch - Französisch
ISBN 978-3-938141-14-4

Goethe-Verlag GmbH
Postfach 152008
80051 München
Germany

Fax +49-89-74790012
www.book2.de
www.goethe-verlag.com

Inhaltsverzeichnis

1 [eins]

Personen

1 [un]

Personnes

ich	moi / je
ich und du	toi et moi
wir beide	nous deux
er	lui / il
er und sie	elle et lui
sie beide	eux deux
der Mann	l'homme
die Frau	la femme
das Kind	l'enfant
eine Familie	une famille
meine Familie	ma famille
Meine Familie ist hier.	Ma famille est ici.
Ich bin hier.	Je suis ici.
Du bist hier.	Tu es ici.
Er ist hier und sie ist hier.	Il est ici et elle est ici.
Wir sind hier.	Nous sommes ici.
Ihr seid hier.	Vous êtes ici.
Sie sind alle hier.	Ils sont tous ici.

2 [zwei]

Familie

2 [deux]

La famille

der Großvater die Großmutter er und sie	le grand-père la grand-mère elle et lui
der Vater die Mutter er und sie	le père la mère elle et lui
der Sohn die Tochter er und sie	le fils la fille elle et lui
der Bruder die Schwester er und sie	le frère la sœur elle et lui
der Onkel die Tante er und sie	l'oncle la tante elle et lui
Wir sind eine Familie. Die Familie ist nicht klein. Die Familie ist groß.	Nous sommes une famille. La famille n'est pas petite. La famille est grande.

3 [drei]

Kennen lernen

3 [trois]

Faire connaissance

Hallo!	Salut !
Guten Tag!	Bonjour !
Wie geht's?	Comment ça va ?
Kommen Sie aus Europa?	Venez-vous d'Europe ?
Kommen Sie aus Amerika?	Venez-vous d'Amérique ?
Kommen Sie aus Asien?	Venez-vous d'Asie ?
In welchem Hotel wohnen Sie?	Dans quel hôtel séjournez-vous ?
Wie lange sind Sie schon hier?	Depuis quand êtes-vous ici ?
Wie lange bleiben Sie?	Jusqu'à quand restez-vous ?
Gefällt es Ihnen hier?	Est-ce que vous vous plaisez ici ?
Machen Sie hier Urlaub?	Êtes-vous en vacances ici ?
Besuchen Sie mich mal!	N'hésitez pas à venir me voir !
Hier ist meine Adresse.	Voici mon adresse.
Sehen wir uns morgen?	Pourrions-nous nous voir demain ?
Tut mir Leid, ich habe schon etwas vor.	Je suis désolé(e), mais j'ai déjà quelque chose de prévu.
Tschüs!	Salut !
Auf Wiedersehen!	Au revoir !
Bis bald!	A bientôt !

4 [vier]

In der Schule

4 [quatre]

A l'école

Wo sind wir? Wir sind in der Schule. Wir haben Unterricht.	Où sommes-nous ? Nous sommes à l'école. Nous avons cours.
Das sind die Schüler. Das ist die Lehrerin. Das ist die Klasse.	Ce sont les élèves. C'est l'institutrice. C'est la classe.
Was machen wir? Wir lernen. Wir lernen eine Sprache.	Que faisons-nous ? Nous apprenons. Nous apprenons une langue.
Ich lerne Englisch. Du lernst Spanisch. Er lernt Deutsch.	J'apprends l'anglais. Tu apprends l'espagnol. Il apprend l'allemand.
Wir lernen Französisch. Ihr lernt Italienisch. Sie lernen Russisch.	Nous apprenons le français. Vous apprenez l'italien. Ils apprennent le russe.
Sprachen lernen ist interessant. Wir wollen Menschen verstehen. Wir wollen mit Menschen sprechen.	Apprendre des langues est intéressant. Nous voulons comprendre les gens. Nous voulons parler avec les gens.

5 [fünf]

Länder und Sprachen

5 [cinq]

Pays et langues

John ist aus London.
London liegt in Großbritannien.
Er spricht Englisch.

Jean est de Londres.
Londres est situé en Grande-Bretagne.
Il parle anglais.

Maria ist aus Madrid.
Madrid liegt in Spanien.
Sie spricht Spanisch.

Marie est de Madrid.
Madrid est situé en Espagne.
Elle parle espagnol.

Peter und Martha sind aus Berlin.
Berlin liegt in Deutschland.
Sprecht ihr beide Deutsch?

Pierre et Marthe sont de Berlin.
Berlin est situé en Allemagne.
Parlez-vous tous les deux allemand ?

London ist eine Hauptstadt.
Madrid und Berlin sind auch Hauptstädte.
Die Hauptstädte sind groß und laut.

Londres est une capitale.
Madrid et Berlin sont aussi des capitales.
Les capitales sont grandes et bruyantes.

Frankreich liegt in Europa.
Ägypten liegt in Afrika.
Japan liegt in Asien.

La France est située en Europe.
L'Égypte est située en Afrique.
Le Japon est situé en Asie.

Kanada liegt in Nordamerika.
Panama liegt in Mittelamerika.
Brasilien liegt in Südamerika.

Le Canada est situé en Amérique du Nord.
Panama est situé en Amérique centrale.
Le Brésil est situé en Amérique du Sud.

6 [sechs]

Lesen und schreiben

Ich lese.
Ich lese einen Buchstaben.
Ich lese ein Wort.

Ich lese einen Satz.
Ich lese einen Brief.
Ich lese ein Buch.

Ich lese.
Du liest.
Er liest.

Ich schreibe.
Ich schreibe einen Buchstaben.
Ich schreibe ein Wort.

Ich schreibe einen Satz.
Ich schreibe einen Brief.
Ich schreibe ein Buch.

Ich schreibe.
Du schreibst.
Er schreibt.

6 [six]

Lire et écrire

Je lis.
Je lis une lettre.
Je lis un mot.

Je lis une phrase.
Je lis une lettre.
Je lis un livre.

Je lis.
Tu lis.
Il lit.

J'écris.
J'écris une lettre.
J'écris un mot.

J'écris une phrase.
J'écris une lettre.
J'écris un livre.

J'écris.
Tu écris.
Il écrit.

7 [sieben]

7 [sept]

Zahlen

Chiffres

Ich zähle:
eins, zwei, drei
Ich zähle bis drei.

Je compte:
un, deux, trois
Je compte jusqu'à trois.

Ich zähle weiter:
vier, fünf, sechs,
sieben, acht, neun

Je compte de nouveau:
quatre, cinq, six,
sept, huit, neuf

Ich zähle.
Du zählst.
Er zählt.

Je compte.
Tu comptes.
Il compte.

Eins. Der Erste.
Zwei. Der Zweite.
Drei. Der Dritte.

Un. Le premier.
Deux. Le deuxième.
Trois. Le troisième.

Vier. Der Vierte.
Fünf. Der Fünfte.
Sechs. Der Sechste.

Quatre. Le quatrième.
Cinq. Le cinquième.
Six. Le sixième.

Sieben. Der Siebte.
Acht. Der Achte.
Neun. Der Neunte.

Sept. Le septième.
Huit. Le huitième.
Neuf. Le neuvième.

8 [acht]

Uhrzeiten

8 [huit]

L'heure

Entschuldigen Sie!	Veuillez m'excuser !
Wie viel Uhr ist es, bitte?	Quelle heure est-il, s'il vous plaît ?
Danke vielmals.	Merci beaucoup.
Es ist ein Uhr.	Il est une heure.
Es ist zwei Uhr.	Il est deux heures.
Es ist drei Uhr.	Il est trois heures.
Es ist vier Uhr.	Il est quatre heures.
Es ist fünf Uhr.	Il est cinq heures.
Es ist sechs Uhr.	Il est six heures.
Es ist sieben Uhr.	Il est sept heures.
Es ist acht Uhr.	Il est huit heures.
Es ist neun Uhr.	Il est neuf heures.
Es ist zehn Uhr.	Il est dix heures.
Es ist elf Uhr.	Il est onze heures.
Es ist zwölf Uhr.	Il est douze heures.
Eine Minute hat sechzig Sekunden.	Une minute a soixante secondes.
Eine Stunde hat sechzig Minuten.	Une heure a soixante minutes.
Ein Tag hat vierundzwanzig Stunden.	Un jour a vingt-quatre heures.

9 [neun]

Wochentage

9 [neuf]

Les jours de la semaine

der Montag	le lundi
der Dienstag	le mardi
der Mittwoch	le mercredi
der Donnerstag	le jeudi
der Freitag	le vendredi
der Samstag	le samedi
der Sonntag	le dimanche
die Woche	la semaine
von Montag bis Sonntag	du lundi au dimanche
Der erste Tag ist Montag.	Le premier jour est le lundi.
Der zweite Tag ist Dienstag.	Le deuxième jour est le mardi.
Der dritte Tag ist Mittwoch.	Le troisième jour est le mercredi.
Der vierte Tag ist Donnerstag.	Le quatrième jour est le jeudi.
Der fünfte Tag ist Freitag.	Le cinquième jour est le vendredi.
Der sechste Tag ist Samstag.	Le sixième jour est le samedi.
Der siebte Tag ist Sonntag.	Le septième jour est le dimanche.
Die Woche hat sieben Tage.	La semaine a sept jours.
Wir arbeiten nur fünf Tage.	Nous ne travaillons que cinq jours.

10 [zehn]

Gestern - heute - morgen

10 [dix]

Hier - aujourd'hui - demain

Gestern war Samstag.
Gestern war ich im Kino.
Der Film war interessant.

Hier, c'était samedi.
Hier, j'ai été au cinéma.
Le film était intéressant.

Heute ist Sonntag.
Heute arbeite ich nicht.
Ich bleibe zu Hause.

Aujourd'hui, c'est dimanche.
Aujourd'hui, je ne travaille pas.
Je reste à la maison.

Morgen ist Montag.
Morgen arbeite ich wieder.
Ich arbeite im Büro.

Demain, c'est lundi.
Demain, je recommence à travailler.
Je travaille au bureau.

Wer ist das?
Das ist Peter.
Peter ist Student.

Qui est-ce ?
C'est Pierre.
Pierre est étudiant.

Wer ist das?
Das ist Martha.
Martha ist Sekretärin.

Qui est-ce ?
C'est Marthe.
Marthe est secrétaire.

Peter und Martha sind Freunde.
Peter ist der Freund von Martha.
Martha ist die Freundin von Peter.

Pierre et Marthe sont amis.
Pierre est l'ami de Marthe.
Marthe est l'amie de Pierre.

11 [elf]

Monate

11 [onze]

Les mois

der Januar	janvier
der Februar	février
der März	mars
der April	avril
der Mai	mai
der Juni	juin

Das sind sechs Monate.
Januar, Februar, März,
April, Mai und Juni.

Ce sont six mois.
Janvier, février, mars,
avril, mai et juin.

der Juli	juillet
der August	août
der September	septembre
der Oktober	octobre
der November	novembre
der Dezember	décembre

Das sind auch sechs Monate.
Juli, August, September,
Oktober, November und Dezember.

Ce sont aussi six mois.
juillet, août, septembre,
octobre, novembre, décembre.

12 [zwölf]

Getränke

12 [douze]

Les boissons

Ich trinke Tee.
Ich trinke Kaffee.
Ich trinke Mineralwasser.

Je bois du thé.
Je bois du café.
Je bois de l'eau minérale.

Trinkst du Tee mit Zitrone?
Trinkst du Kaffee mit Zucker?
Trinkst du Wasser mit Eis?

Bois-tu du thé au citron ?
Bois-tu du café avec du sucre ?
Veux-tu de l'eau avec des glaçons ?

Hier ist eine Party.
Die Leute trinken Sekt.
Die Leute trinken Wein und Bier.

Il y a une fête ici.
Les gens boivent du champagne.
Les gens boivent du vin et de la bière.

Trinkst du Alkohol?
Trinkst du Whisky?
Trinkst du Cola mit Rum?

Bois-tu de l'alcool ?
Bois-tu du whisky ?
Bois-tu du coca avec du rhum ?

Ich mag keinen Sekt.
Ich mag keinen Wein.
Ich mag kein Bier.

Je n'aime pas le champagne.
Je n'aime pas le vin.
Je n'aime pas la bière.

Das Baby mag Milch.
Das Kind mag Kakao und Apfelsaft.
Die Frau mag Orangensaft und Grapefruitsaft.

Le bébé aime le lait.
L'enfant aime le cacao et le jus de pomme.
La femme aime le jus d'orange et le jus de pamplemousse.

13 [dreizehn]

Tätigkeiten

Was macht Martha?
Sie arbeitet im Büro.
Sie arbeitet am Computer.

Wo ist Martha?
Im Kino
Sie schaut sich ein Film an.

Was macht Peter?
Er studiert an der Universität.
Er studiert Sprachen.

Wo ist Peter?
Im Café.
Er trinkt Kaffee.

Wohin gehen sie gern?
Ins Konzert.
Sie hören gern Musik.

Wohin gehen sie nicht gern?
In die Disco.
Sie tanzen nicht gern.

13 [treize]

Les activités

Que fait Marthe ?
Elle travaille dans un bureau.
Elle travaille sur un ordinateur.

Où est Marthe ?
Au cinéma
Elle regarde un film.

Que fait Pierre ?
Il étudie à l'université.
Il étudie les langues.

Où est Pierre ?
Au café.
Il boit du café.

Où aiment-ils aller ?
Au concert.
Ils aiment écouter de la musique.

Où n'aiment-ils pas aller ?
Dans les discothèques.
Ils n'aiment pas danser.

14 [vierzehn]	14 [quatorze]
Farben	**Couleurs**

Der Schnee ist weiß. Die Sonne ist gelb. Die Orange ist orange.	La neige est blanche. Le soleil est jaune. L'orange est orange.
Die Kirsche ist rot. Der Himmel ist blau. Das Gras ist grün.	La cerise est rouge. Le ciel est bleu. L'herbe est verte.
Die Erde ist braun. Die Wolke ist grau. Die Reifen sind schwarz.	La terre est brune. Le nuage est gris. Les pneus sont noirs.
Welche Farbe hat der Schnee? Weiß. Welche Farbe hat die Sonne? Gelb. Welche Farbe hat die Orange? Orange.	Quelle est la couleur a de la neige ? Blanche. Quelle es la couleur du soleil ? Jaune. Quelle est la couleur d'une orange ? Orange.
Welche Farbe hat die Kirsche? Rot. Welche Farbe hat der Himmel? Blau. Welche Farbe hat das Gras? Grün.	Quelle est la couleur d'une cerise ? Rouge. Quelle est la couleur du ciel ? Bleu. Quelle est la couleur de l'herbe ? Vert.
Welche Farbe hat die Erde? Braun. Welche Farbe hat die Wolke? Grau. Welche Farbe haben die Reifen? Schwarz.	Quelle est la couleur de la terre ? Brune. Quelle est la couleur du nuage ? Gris. Quelle est la couleur des pneus ? Noir.

15 [fünfzehn]

Früchte und Lebensmittel

15 [quinze]

Fruits et aliments

Ich habe eine Erdbeere.
Ich habe eine Kiwi und eine Melone.
Ich habe eine Orange und eine Grapefruit.

J'ai une fraise.
J'ai un kiwi et un melon.
J'ai une orange et un pamplemousse.

Ich habe einen Apfel und eine Mango.
Ich habe eine Banane und eine Ananas.
Ich mache einen Obstsalat.

J'ai une pomme et une mangue.
J'ai une banane et un ananas.
Je fais une salade de fruits.

Ich esse einen Toast.
Ich esse einen Toast mit Butter.
Ich esse einen Toast mit Butter und Marmelade.

Je mange un toast.
Je mange un toast avec du beurre.
Je mange un toast avec du beurre et de la confiture.

Ich esse ein Sandwich.
Ich esse ein Sandwich mit Margarine.
Ich esse ein Sandwich mit Margarine und Tomate.

Je mange un sandwich.
Je mange un sandwich à la margarine.
Je mange un sandwich à la margarine et aux tomates.

Wir brauchen Brot und Reis.
Wir brauchen Fisch und Steaks.
Wir brauchen Pizza und Spagetti.

Nous avons besoin de pain et de riz.
Nous avons besoin de poissons et de steaks.
Nous avons besoin de pizza et de spaghetti.

Was brauchen wir noch?
Wir brauchen Karotten und Tomaten für die Suppe.
Wo ist ein Supermarkt?

Avons-nous besoin d'autre chose ?
Nous avons besoin de carottes et de tomates pour la soupe.
Où est le supermarché ?

16 [sechzehn]

Jahreszeiten und Wetter

16 [seize]

Les saisons et le temps

Das sind die Jahreszeiten:
Der Frühling, der Sommer,
der Herbst und der Winter.

Voici les saisons:
Le printemps, l'été,
l'automne et l'hiver.

Der Sommer ist heiß.
Im Sommer scheint die Sonne.
Im Sommer gehen wir gern spazieren.

L'été est chaud.
En été, le soleil brille.
En été, nous aimons nous promener.

Der Winter ist kalt.
Im Winter schneit oder regnet es.
Im Winter bleiben wir gern zu Hause.

L'hiver est froid.
En hiver, il neige ou il pleut.
En hiver, nous aimons rester à la maison.

Es ist kalt.
Es regnet.
Es ist windig.

Il fait froid.
Il pleut.
Il y a du vent.

Es ist warm.
Es ist sonnig.
Es ist heiter.

Il fait chaud.
C'est ensoleillé.
C'est gai.

Wie ist das Wetter heute?
Es ist kalt heute.
Es ist warm heute.

Comment est le temps aujourd'hui ?
Il fait froid aujourd'hui.
Il fait chaud aujourd'hui.

17 [siebzehn]

Im Haus

17 [dix-sept]

A la maison

Hier ist unser Haus.
Oben ist das Dach.
Unten ist der Keller.

Voici notre maison.
Le toit est en haut.
La cave est en bas.

Hinter dem Haus ist ein Garten.
Vor dem Haus ist keine Straße.
Neben dem Haus sind Bäume.

Il y a un jardin derrière la maison.
Aucune rue ne passe devant la maison.
Il y a des arbres à côté de la maison.

Hier ist meine Wohnung.
Hier ist die Küche und das Bad.
Dort ist das Wohnzimmer und das Schlafzimmer.

Voici mon appartement.
Voici la cuisine et la salle de bain.
Voilà la salle de séjour et la chambre à coucher.

Die Haustür ist geschlossen.
Aber die Fenster sind offen.
Es ist heiß heute.

La porte d'entrée est fermée.
Mais les fenêtres sont ouvertes.
Il fait chaud aujourd'hui.

Wir gehen in das Wohnzimmer.
Dort ist ein Sofa und ein Sessel.
Setzen Sie sich!

Nous allons dans la salle de séjour.
Il y a un sofa et un fauteuil.
Asseyez-vous !

Dort steht mein Computer.
Dort steht meine Stereoanlage.
Der Fernseher ist ganz neu.

Mon ordinateur est là-bas.
Ma chaîne stéréo est là-bas.
La télévision est toute neuve.

18 [achtzehn]

Hausputz

18 [dix-huit]

Faire le ménage

Heute ist Samstag.
Heute haben wir Zeit.
Heute putzen wir die Wohnung.

Aujourd'hui, nous sommes Samedi.
Aujourd'hui, nous avons le temps.
Aujourd'hui, nous faisons le ménage dans l'appartement.

Ich putze das Bad.
Mein Mann wäscht das Auto.
Die Kinder putzen die Fahrräder.

Je nettoie la salle de bain.
Mon mari lave la voiture.
Les enfants nettoient les vélos.

Oma gießt die Blumen.
Die Kinder räumen das Kinderzimmer auf.
Mein Mann räumt seinen Schreibtisch auf.

Mamie arrose les fleurs.
Les enfants rangent la chambre des enfants.
Mon mari range son bureau.

Ich stecke die Wäsche in die Waschmaschine.
Ich hänge die Wäsche auf.
Ich bügele die Wäsche.

Je mets le linge dans la machine à laver.
Je mets le linge à sécher.
Je repasse le linge.

Die Fenster sind schmutzig.
Der Fußboden ist schmutzig.
Das Geschirr ist schmutzig.

Les fenêtres sont sales.
Le plancher est sale.
La vaisselle est sale.

Wer putzt die Fenster?
Wer saugt Staub?
Wer spült das Geschirr?

Qui nettoie les vitres ?
Qui passe l'aspirateur ?
Qui fait la vaisselle ?

19 [neunzehn]

In der Küche

19 [dix-neuf]

Dans la cuisine

Hast du eine neue Küche?	As-tu une nouvelle cuisine ?
Was willst du heute kochen?	Que veux-tu cuisiner aujourd'hui ?
Kochst du elektrisch oder mit Gas?	Ta cuisinière est-elle électrique ou au gaz ?
Soll ich die Zwiebeln schneiden?	Veux-tu que je coupe les oignons ?
Soll ich die Kartoffeln schälen?	Veux-tu que j'épluche les pommes de terre ?
Soll ich den Salat waschen?	Veux-tu que je lave la salade ?
Wo sind die Gläser?	Où sont les verres ?
Wo ist das Geschirr?	Où est le service ?
Wo ist das Besteck?	Où sont les couverts ?
Hast du einen Dosenöffner?	As-tu un ouvre-boîte ?
Hast du einen Flaschenöffner?	As-tu un décapsuleur ?
Hast du einen Korkenzieher?	As-tu un tire-bouchon ?
Kochst du die Suppe in diesem Topf?	Prépares-tu la soupe dans cette casserole ?
Brätst du den Fisch in dieser Pfanne?	Fais-tu frire le poisson dans cette poêle ?
Grillst du das Gemüse auf diesem Grill?	Fais-tu griller les légumes sur ce barbecue ?
Ich decke den Tisch.	Je mets la table.
Hier sind die Messer, Gabeln und Löffel.	Voici les couteaux, les fourchettes et les cuillères.
Hier sind die Gläser, die Teller und die Servietten.	Voici les verres, les assiettes et les serviettes.

20 [zwanzig]

Small Talk 1

20 [vingt]

Conversation 1

Machen Sie es sich bequem!	Mettez-vous à votre aise !
Fühlen Sie sich wie zu Hause!	Faites comme chez vous !
Was möchten Sie trinken?	Que voulez-vous boire ?
Lieben Sie Musik?	Aimez-vous la musique ?
Ich mag klassische Musik.	J'aime la musique classique.
Hier sind meine CDs.	Mes CD sont ici.
Spielen Sie ein Instrument?	Jouez-vous d'un instrument de musique ?
Hier ist meine Gitarre.	Voici ma guitare.
Singen Sie gern?	Aimez-vous chanter ?
Haben Sie Kinder?	Avez-vous des enfants ?
Haben Sie einen Hund?	Avez-vous un chien ?
Haben Sie eine Katze?	Avez-vous un chat ?
Hier sind meine Bücher.	Voici mes livres.
Ich lese gerade dieses Buch.	En ce moment, je lis ce livre.
Was lesen Sie gern?	Qu'est-ce que vous aimez lire ?
Gehen Sie gern ins Konzert?	Aimez-vous aller au concert ?
Gehen Sie gern ins Theater?	Aimez-vous aller au théâtre ?
Gehen Sie gern in die Oper?	Aimez-vous aller à l'opéra ?

21 [einundzwanzig]

Small Talk 2

21 [vingt et un]

Conversation 2

Woher kommen Sie?	D'où venez-vous ?
Aus Basel.	De Bâle.
Basel liegt in der Schweiz.	Bâle se trouve en Suisse.
Darf ich Ihnen Herrn Müller vorstellen?	Puis-je vous présenter Monsieur Muller ?
Er ist Ausländer.	Il est étranger.
Er spricht mehrere Sprachen.	Il parle plusieurs langues.
Sind Sie zum ersten Mal hier?	Est-ce la première fois que vous êtes ici ?
Nein, ich war schon letztes Jahr hier.	Non, j'y étais déjà l'an dernier.
Aber nur eine Woche lang.	Mais seulement pour une semaine.
Wie gefällt es Ihnen bei uns?	Comment vous plaisez-vous chez nous ?
Sehr gut. Die Leute sind nett.	Beaucoup. Les gens sont très sympathiques.
Und die Landschaft gefällt mir auch.	Et le paysage me plaît aussi.
Was sind Sie von Beruf?	Quel est votre profession ?
Ich bin Übersetzer.	Je suis traducteur/traductrice.
Ich übersetze Bücher.	Je traduis des livres.
Sind Sie allein hier?	Êtes-vous seul ici ?
Nein, meine Frau / mein Mann ist auch hier.	Non, ma femme / mon mari est aussi ici.
Und dort sind meine beiden Kinder.	Et voici mes deux enfants.

22 [zweiundzwanzig]

Small Talk 3

22 [vingt-deux]

Conversation 3

Rauchen Sie?
Früher ja.
Aber jetzt rauche ich nicht mehr.

Est-ce que vous fumez ?
Autrefois, oui.
Mais maintenant, je ne fume plus.

Stört es Sie, wenn ich rauche?
Nein, absolut nicht.
Das stört mich nicht.

Est-ce que ça vous dérange si je fume ?
Non, pas du tout.
Ça ne me dérange pas.

Trinken Sie etwas?
Einen Cognac?
Nein, lieber ein Bier.

Prendriez-vous quelque chose à boire ?
Un cognac ?
Non, plutôt une bière.

Reisen Sie viel?
Ja, meistens sind das Geschäftsreisen.
Aber jetzt machen wir hier Urlaub.

Voyagez-vous beaucoup ?
Oui, mais ce sont principalement des voyages d'affaires.
Mais maintenant, nous sommes en vacances.

Was für eine Hitze!
Ja, heute ist es wirklich heiß.
Gehen wir auf den Balkon.

Quelle chaleur !
Oui, aujourd'hui il fait vraiment chaud.
Allons sur le balcon.

Morgen gibt es hier eine Party.
Kommen Sie auch?
Ja, wir sind auch eingeladen.

Demain, il y aura une fête.
Est-ce que vous y venez aussi ?
Oui, nous y sommes aussi invités.

23 [dreiundzwanzig]

Fremdsprachen lernen

23 [vingt-trois]

Apprendre des langues étrangères

Wo haben Sie Spanisch gelernt?
Können Sie auch Portugiesisch?
Ja, und ich kann auch etwas Italienisch.

Où avez-vous appris l'espagnol ?
Parlez-vous également portugais ?
Oui, et je parle aussi un peu l'italien.

Ich finde, Sie sprechen sehr gut.
Die Sprachen sind ziemlich ähnlich.
Ich kann sie gut verstehen.

Je trouve que vous parlez très bien.
Les langues se ressemblent.
Je peux bien les comprendre.

Aber sprechen und schreiben ist schwer.
Ich mache noch viele Fehler.
Bitte korrigieren Sie mich immer.

Mais les parler et les écrire est difficile.
Je fais encore beaucoup de fautes.
N'hésitez pas à me corriger s'il vous plait.

Ihre Aussprache ist ganz gut.
Sie haben einen kleinen Akzent.
Man erkennt, woher Sie kommen.

Votre prononciation est très bonne.
Vous avez un léger accent.
On devine d'où vous venez.

Was ist Ihre Muttersprache?
Machen Sie einen Sprachkurs?
Welches Lehrwerk benutzen Sie?

Quelle est votre langue maternelle ?
Suivez-vous des cours de langue ?
Quel matériel utilisez-vous ?

Ich weiß im Moment nicht, wie das heißt.
Mir fällt der Titel nicht ein.
Ich habe das vergessen.

Pour le moment, je ne m'en souviens plus.
Le titre ne me revient pas.
Je l'ai oublié.

24 [vierundzwanzig]

Verabredung

24 [vingt-quatre]

Le rendez-vous

Hast du den Bus verpasst?
Ich habe eine halbe Stunde auf dich gewartet.
Hast du kein Handy bei dir?

As-tu raté le bus ?
Je t'ai attendu pendant une demi-heure.
As-tu oublié d'amener ton portable avec toi ?

Sei das nächste Mal pünktlich!
Nimm das nächste Mal ein Taxi!
Nimm das nächste Mal einen Regenschirm mit!

Sois plus ponctuel(le) la prochaine fois !
Prends un taxi la prochaine fois !
Amène un parapluie la prochaine fois !

Morgen habe ich frei.
Wollen wir uns morgen treffen?
Tut mir Leid, morgen geht es bei mir nicht.

Je suis libre demain.
Pouvons-nous nous rencontrer demain ?
Je suis désolé(e), demain cela ne me convient pas.

Hast du dieses Wochenende schon etwas vor?
Oder bist du schon verabredet?
Ich schlage vor, wir treffen uns am Wochenende.

As-tu déjà prévu quelque chose ce week-end ?
Ou as-tu déjà un rendez-vous ?
Je propose que nous nous rencontrions ce week-end.

Wollen wir Picknick machen?
Wollen wir an den Strand fahren?
Wollen wir in die Berge fahren?

Voulez-vous faire un pique-nique ?
Voulez-vous aller à la plage ?
Voulez-vous aller à la montagne ?

Ich hole dich vom Büro ab.
Ich hole dich von zu Hause ab.
Ich hole dich an der Bushaltestelle ab.

Je viens te chercher au bureau.
Je viens te chercher à la maison.
Je viens te chercher à l'arrêt de bus.

25 [fünfundzwanzig]

In der Stadt

25 [vingt-cinq]

En ville

Ich möchte zum Bahnhof.	Je voudrais aller à la gare.
Ich möchte zum Flughafen.	Je voudrais aller à l'aéroport.
Ich möchte ins Stadtzentrum.	Je voudrais aller dans le centre-ville.
Wie komme ich zum Bahnhof?	Comment vais-je à la gare ?
Wie komme ich zum Flughafen?	Comment vais-je à l'aéroport ?
Wie komme ich ins Stadtzentrum?	Comment vais-je dans le centre-ville ?
Ich brauche ein Taxi.	J'ai besoin d'un taxi.
Ich brauche einen Stadtplan.	J'ai besoin d'un plan de la ville.
Ich brauche ein Hotel.	J'ai besoin d'un hôtel.
Ich möchte ein Auto mieten.	Je voudrais louer une voiture.
Hier ist meine Kreditkarte.	Voici ma carte de crédit.
Hier ist mein Führerschein.	Voici mon permis de conduire.
Was gibt es in der Stadt zu sehen?	Que faut-il visiter dans la ville ?
Gehen Sie in die Altstadt.	Allez dans la vieille ville.
Machen Sie eine Stadtrundfahrt.	Faites une visite guidée.
Gehen Sie zum Hafen.	Allez au port.
Machen Sie eine Hafenrundfahrt.	Faites un tour du port.
Welche Sehenswürdigkeiten gibt es außerdem noch?	Quelles autres attractions touristiques y-a-t-il encore ?

26 [sechsundzwanzig]

In der Natur

26 [vingt-six]

Dans la nature

Siehst du dort den Turm?	Vois-tu la tour ?
Siehst du dort den Berg?	Vois-tu la montagne ?
Siehst du dort das Dorf?	Vois-tu le village ?
Siehst du dort den Fluss?	Vois-tu la rivière ?
Siehst du dort die Brücke?	Vois-tu le pont ?
Siehst du dort den See?	Vois-tu la mer ?
Der Vogel da gefällt mir.	Cet oiseau me plaît.
Der Baum da gefällt mir.	Cet arbre me plaît.
Der Stein hier gefällt mir.	Cette pierre me plaît.
Der Park da gefällt mir.	Ce parc me plaît.
Der Garten da gefällt mir.	Ce jardin me plaît.
Die Blume hier gefällt mir.	Cette fleur me plaît.
Ich finde das hübsch.	Je trouve ça joli.
Ich finde das interessant.	Je trouve ça intéressant.
Ich finde das wunderschön.	Je trouve ça magnifique.
Ich finde das hässlich.	Je trouve ça laid.
Ich finde das langweilig.	Je trouve ça ennuyeux.
Ich finde das furchtbar.	Je trouve ça affreux.

27 [siebenundzwanzig]

Im Hotel - Ankunft

27 [vingt-sept]

A l'hôtel - Arrivée

Haben Sie ein Zimmer frei?
Ich habe ein Zimmer reserviert.
Mein Name ist Müller.

Avez-vous une chambre libre ?
J'ai réservé une chambre.
Mon nom est Muller.

Ich brauche ein Einzelzimmer.
Ich brauche ein Doppelzimmer.
Wie viel kostet das Zimmer pro Nacht?

J'ai besoin d'une chambre simple.
J'ai besoin d'une chambre double.
Combien coûte la chambre pour la nuit ?

Ich möchte ein Zimmer mit Bad.
Ich möchte ein Zimmer mit Dusche.
Kann ich das Zimmer sehen?

Je voudrais une chambre avec bain.
Je voudrais une chambre avec douche.
Puis-je voir la chambre ?

Gibt es hier eine Garage?
Gibt es hier einen Safe?
Gibt es hier ein Fax?

Y a-t-il un garage ici ?
Y a-t-il un coffre-fort ici ?
Y a-t-il un fax ici ?

Gut, ich nehme das Zimmer.
Hier sind die Schlüssel.
Hier ist mein Gepäck.

Bon, je prends la chambre.
Voici les clefs.
Voici mes bagages.

Um wie viel Uhr gibt es Frühstück?
Um wie viel Uhr gibt es Mittagessen?
Um wie viel Uhr gibt es Abendessen?

A quelle heure est servi le petit déjeuner ?
A quelle heure est servi le déjeuner ?
A quelle heure est servi le dîner ?

28 [achtundzwanzig]

Im Hotel - Beschwerden

28 [vingt-huit]

A l'hôtel - Réclamations

Die Dusche funktioniert nicht.	La douche ne fonctionne pas.
Es kommt kein warmes Wasser.	Il n'y a pas d'eau chaude.
Können Sie das reparieren lassen?	Pouvez-vous réparer ça ?
Es gibt kein Telefon im Zimmer.	Il n'y a pas de téléphone dans la chambre.
Es gibt keinen Fernseher im Zimmer.	Il n'y a pas de télévision dans la chambre.
Das Zimmer hat keinen Balkon.	La chambre n'a pas de balcon.
Das Zimmer ist zu laut.	La chambre est trop bruyante.
Das Zimmer ist zu klein.	La chambre est trop petite.
Das Zimmer ist zu dunkel.	La chambre est trop sombre.
Die Heizung funktioniert nicht.	Le chauffage ne fonctionne pas.
Die Klimaanlage funktioniert nicht.	La climatisation ne fonctionne pas.
Der Fernseher ist kaputt.	La télévision est cassée.
Das gefällt mir nicht.	Ça ne me plaît pas.
Das ist mir zu teuer.	C'est trop cher pour moi.
Haben Sie etwas Billigeres?	Avez-vous quelque chose de moins cher ?
Gibt es hier in der Nähe eine Jugendherberge?	Est-ce qu'il y a une auberge de jeunesse dans les environs ?
Gibt es hier in der Nähe eine Pension?	Est-ce qu'il y a une pension de famille dans les environs ?
Gibt es hier in der Nähe ein Restaurant?	Est-ce qu'il y a un restaurant dans les environs ?

29 [neunundzwanzig]

Im Restaurant 1

29 [vingt-neuf]

Au restaurant 1

Ist der Tisch frei?
Ich möchte bitte die Speisekarte.
Was können Sie empfehlen?

Est-ce que cette table est libre ?
Je désirerais la carte.
Qu'est ce que vous nous recommandez ?

Ich hätte gern ein Bier.
Ich hätte gern ein Mineralwasser.
Ich hätte gern einen Orangensaft.

J'aimerais une bière.
J'aimerais une eau minérale.
J'aimerais un jus d'orange.

Ich hätte gern einen Kaffee.
Ich hätte gern einen Kaffee mit Milch.
Mit Zucker, bitte.

J'aimerais un café.
J'aimerais un café au lait.
Avec du sucre, s'il vous plaît.

Ich möchte einen Tee.
Ich möchte einen Tee mit Zitrone.
Ich möchte einen Tee mit Milch.

Je désirerais un thé.
Je désirerais un thé au citron.
Je désirerais un thé au lait.

Haben Sie Zigaretten?
Haben Sie einen Aschenbecher?
Haben Sie Feuer?

Avez-vous des cigarettes ?
Avez-vous un cendrier ?
Avez-vous du feu ?

Mir fehlt eine Gabel.
Mir fehlt ein Messer.
Mir fehlt ein Löffel.

Je n'ai pas de fourchette.
Je n'ai pas de couteau.
Je n'ai pas de cuillère.

30 [dreißig]

Im Restaurant 2

30 [trente]

Au restaurant 2

Einen Apfelsaft, bitte.	Un jus de pomme, s'il vous plaît.
Eine Limonade, bitte.	Une limonade, s'il vous plaît.
Einen Tomatensaft, bitte.	Un jus de tomate, s'il vous plaît.
Ich hätte gern ein Glas Rotwein.	J'aimerais un verre de vin rouge.
Ich hätte gern ein Glas Weißwein.	J'aimerai un verre de vin blanc.
Ich hätte gern eine Flasche Sekt.	J'aimerais une bouteille de champagne.
Magst du Fisch?	Aimes-tu le poisson ?
Magst du Rindfleisch?	Aimes-tu le bœuf ?
Magst du Schweinefleisch?	Aimes-tu le porc ?
Ich möchte etwas ohne Fleisch.	Je désirerais un plat sans viande.
Ich möchte eine Gemüseplatte.	Je désirerais un plat de légumes.
Ich möchte etwas, was nicht lange dauert.	Je désirerais quelque chose qui ne prend pas longtemps.
Möchten Sie das mit Reis?	Voulez-vous du riz en accompagnement ?
Möchten Sie das mit Nudeln?	Voulez-vous des nouilles en accompagnement ?
Möchten Sie das mit Kartoffeln?	Voulez-vous des pommes de terre en accompagnement ?
Das schmeckt mir nicht.	Ça ne me goûte pas.
Das Essen ist kalt.	La nourriture est froide.
Das habe ich nicht bestellt.	Ce n'est pas ce que j'ai commandé.

31 [einunddreißig]

Im Restaurant 3

31 [trente et un]

Au restaurant 3

Ich möchte eine Vorspeise.	Je voudrais une entrée.
Ich möchte einen Salat.	Je voudrais une salade.
Ich möchte eine Suppe.	Je voudrais une soupe.
Ich möchte einen Nachtisch.	Je voudrais un dessert.
Ich möchte ein Eis mit Sahne.	Je voudrais une glace avec de la crème fraîche.
Ich möchte Obst oder Käse.	Je voudrais un fruit ou du fromage.
Wir möchten frühstücken.	Nous voudrions prendre le petit déjeuner.
Wir möchten zu Mittag essen.	Nous voudrions déjeuner.
Wir möchten zu Abend essen.	Nous voudrions dîner.
Was möchten Sie zum Frühstück?	Que désirez-vous pour le petit déjeuner ?
Brötchen mit Marmelade und Honig?	Des petits pains avec de la confiture et du miel ?
Toast mit Wurst und Käse?	Des toasts avec de la saucisse et du fromage ?
Ein gekochtes Ei?	Un œuf à la coque ?
Ein Spiegelei?	Un œuf au plat ?
Ein Omelett?	Une omelette ?
Bitte noch einen Joghurt.	Encore un yogourt, s'il vous plaît.
Bitte noch Salz und Pfeffer.	Encore du sel et du poivre, s'il vous plaît.
Bitte noch ein Glas Wasser.	Encore un verre d'eau, s'il vous plaît.

32 [zweiunddreißig]

Im Restaurant 4

32 [trente-deux]

Au restaurant 4

Einmal Pommes Frites mit Ketchup.
Und zweimal mit Mayonnaise.
Und dreimal Bratwurst mit Senf.

Une portion de frites avec du ketchup.
Et deux avec de la mayonnaise.
Et trois saucisses grillées avec de la moutarde.

Was für Gemüse haben Sie?
Haben Sie Bohnen?
Haben Sie Blumenkohl?

Qu'est ce que vous avez comme légumes ?
Avez-vous des haricots ?
Avez-vous du choufleur ?

Ich esse gern Mais.
Ich esse gern Gurken.
Ich esse gern Tomaten.

J'aime bien le maïs.
J'aime bien le concombre.
J'aime bien les tomates.

Essen Sie auch gern Lauch?
Essen Sie auch gern Sauerkraut?
Essen Sie auch gern Linsen?

Aimez-vous aussi le poireau ?
Aimez-vous aussi la choucroute ?
Aimez-vous aussi les lentilles ?

Isst du auch gern Karotten?
Isst du auch gern Brokkoli?
Isst du auch gern Paprika?

Aimes-tu aussi les carottes ?
Aimes-tu aussi les brocolis ?
Aimes-tu aussi le poivron ?

Ich mag keine Zwiebeln.
Ich mag keine Oliven.
Ich mag keine Pilze.

Je n'aime pas les oignons.
Je n'aime pas les olives.
Je n'aime pas les champignons.

33 [dreiunddreißig]

Im Bahnhof

33 [trente-trois]

A la gare

Wann fährt der nächste Zug nach Berlin?
Wann fährt der nächste Zug nach Paris?
Wann fährt der nächste Zug nach London?

Quand part le prochain train pour Berlin ?
Quand part le prochain train pour Paris ?
Quand part le prochain train pour Londres ?

Um wie viel Uhr fährt der Zug nach Warschau?
Um wie viel Uhr fährt der Zug nach Stockholm?
Um wie viel Uhr fährt der Zug nach Budapest?

A quelle heure part le train pour Varsovie ?
A quelle heure part le train pour Stockholm ?
A quelle heure part le train pour Budapest ?

Ich möchte eine Fahrkarte nach Madrid.
Ich möchte eine Fahrkarte nach Prag.
Ich möchte eine Fahrkarte nach Bern.

Je voudrais un billet pour Madrid.
Je voudrais un billet pour Prague.
Je voudrais un billet pour Berne.

Wann kommt der Zug in Wien an?
Wann kommt der Zug in Moskau an?
Wann kommt der Zug in Amsterdam an?

Quand est-ce que le train arrive à Vienne ?
Quand est-ce que le train arrive à Moscou ?
Quand est-ce que le train arrive à Amsterdam ?

Muss ich umsteigen?
Von welchem Gleis fährt der Zug ab?
Gibt es Schlafwagen im Zug?

Est-ce que je dois changer de train ?
De quel quai part le train ?
Y a-t-il une voiture-lit dans le train ?

Ich möchte nur die Hinfahrt nach Brüssel.
Ich möchte eine Rückfahrkarte nach Kopenhagen.
Was kostet ein Platz im Schlafwagen?

Je voudrais un aller simple pour Bruxelles.
Je voudrais un aller-retour pour Copenhague.
Combien coûte une place en voiture-lit ?

34 [vierunddreißig]

Im Zug

34 [trente-quatre]

Dans le train

Ist das der Zug nach Berlin?
Wann fährt der Zug ab?
Wann kommt der Zug in Berlin an?

Est-ce que c'est le train pour Berlin ?
Quand est-ce que le train part ?
Quand est-ce que le train arrive à Berlin ?

Verzeihung, darf ich vorbei?
Ich glaube, das ist mein Platz.
Ich glaube, Sie sitzen auf meinem Platz.

Pardon, est-ce que je pourrais passer ?
Je crois que c'est ma place.
Je crois que vous êtes assis à ma place.

Wo ist der Schlafwagen?
Der Schlafwagen ist am Ende des Zuges.
Und wo ist der Speisewagen? - Am Anfang.

Où est la voiture-lit ?
La voiture-lit est en queue de train.
Et où est la voiture-restaurant ? - En tête.

Kann ich unten schlafen?
Kann ich in der Mitte schlafen?
Kann ich oben schlafen?

Puis-je dormir en bas ?
Puis-je dormir au milieu ?
Puis-je dormir en haut ?

Wann sind wir an der Grenze?
Wie lange dauert die Fahrt nach Berlin?
Hat der Zug Verspätung?

Quand serons-nous à la frontière ?
Combien de temps dure le trajet jusqu'à Berlin ?
Le train a-t-il du retard ?

Haben Sie etwas zu lesen?
Kann man hier etwas zu essen und zu trinken bekommen?
Würden Sie mich bitte um 7.00 Uhr wecken?

Avez-vous quelque chose à lire ?
Peut-on avoir quelque chose à manger et à boire ici ?
Pouvez-vous me réveiller à 7 heures ?

35 [fünfunddreißig]

Am Flughafen

35 [trente-cinq]

A l'aéroport

Ich möchte einen Flug nach Athen buchen.	Je voudrais réserver une place sur le vol pour Athènes.
Ist das ein Direktflug?	Est-ce que c'est un vol direct ?
Bitte einen Fensterplatz, Nichtraucher.	Une place près du hublot non fumeur, s'il vous plaît.
Ich möchte meine Reservierung bestätigen.	Je voudrais confirmer ma réservation.
Ich möchte meine Reservierung stornieren.	Je voudrais annuler ma réservation.
Ich möchte meine Reservierung umbuchen.	Je voudrais modifier ma réservation.
Wann geht die nächste Maschine nach Rom?	Quand part le prochain avion pour Rome ?
Sind noch zwei Plätze frei?	Y a-t-il encore deux places de libre ?
Nein, wir haben nur noch einen Platz frei.	Non, nous n'avons plus qu'une place de libre.
Wann landen wir?	Quand est-ce que nous atterrissons ?
Wann sind wir da?	Quand serons-nous là-bas ?
Wann fährt ein Bus ins Stadtzentrum?	Quand est-ce qu'un bus part pour le centre-ville ?
Ist das Ihr Koffer?	C'est votre valise ?
Ist das Ihre Tasche?	C'est votre sac ?
Ist das Ihr Gepäck?	Ce sont vos bagages ?
Wie viel Gepäck kann ich mitnehmen?	Combien de bagages puis-je emporter ?
Zwanzig Kilo.	Vingt kilos.
Was, nur zwanzig Kilo?	Quoi, seulement vingt kilos ?

36 [sechsunddreißig]

Öffentlicher Nahverkehr

36 [trente-six]

Les transports publics

Wo ist die Bushaltestelle?	Où est l'arrêt du bus ?
Welcher Bus fährt ins Zentrum?	Quel bus va dans le centre-ville ?
Welche Linie muss ich nehmen?	Quelle ligne dois-je prendre ?
Muss ich umsteigen?	Est-ce que je dois changer ?
Wo muss ich umsteigen?	Où dois-je changer ?
Was kostet ein Fahrschein?	Combien coûte un billet ?
Wie viele Haltestellen sind es bis zum Zentrum?	Combien y a-t-il d'arrêts jusqu'au centre-ville ?
Sie müssen hier aussteigen.	Vous devez descendre ici.
Sie müssen hinten aussteigen.	Vous devez descendre à l'arrière.
Die nächste U-Bahn kommt in 5 Minuten.	Le prochain métro arrive dans cinq minutes.
Die nächste Straßenbahn kommt in 10 Minuten.	Le prochain tram arrive dans dix minutes.
Der nächste Bus kommt in 15 Minuten.	Le prochain bus arrive dans quinze minutes.
Wann fährt die letzte U-Bahn?	Quand part le dernier métro ?
Wann fährt die letzte Straßenbahn?	Quand part le dernier tram ?
Wann fährt der letzte Bus?	Quand part le dernier bus ?
Haben Sie einen Fahrschein?	Avez-vous un billet ?
Einen Fahrschein? - Nein, ich habe keinen.	Un billet ? Non, je n'en ai pas.
Dann müssen Sie eine Strafe zahlen.	Alors vous devez payer une amende.

37 [siebenunddreißig]

Unterwegs

37 [trente-sept]

En route

Er fährt mit dem Motorrad.	Il va en moto.
Er fährt mit dem Fahrrad.	Il va à bicyclette.
Er geht zu Fuß.	Il va à pied.
Er fährt mit dem Schiff.	Il va en bateau.
Er fährt mit dem Boot.	Il va en barque.
Er schwimmt.	Il nage.
Ist es hier gefährlich?	Est-ce que c'est dangereux ici ?
Ist es gefährlich, allein zu trampen?	Est-ce que c'est dangereux de faire seul de l'auto-stop ?
Ist es gefährlich, nachts spazieren zu gehen?	Est-ce que c'est dangereux de se promener la nuit ?
Wir haben uns verfahren.	Nous nous sommes trompés de chemin.
Wir sind auf dem falschen Weg.	Nous sommes sur le mauvais chemin.
Wir müssen umkehren.	Nous devons faire demi-tour.
Wo kann man hier parken?	Où peut-on se garer ?
Gibt es hier einen Parkplatz?	Y a-t-il un parking ici ?
Wie lange kann man hier parken?	Combien de temps peut-on se garer ici ?
Fahren Sie Ski?	Faites-vous du ski ?
Fahren Sie mit dem Skilift nach oben?	Est-ce que tu montes avec le téléski ?
Kann man hier Ski leihen?	Est-ce qu'on peut louer des skis ici ?

38 [achtunddreißig]

Im Taxi

38 [trente-huit]

En taxi

Rufen Sie bitte ein Taxi.	Veuillez m'appeler un taxi, s'il vous plaît.
Was kostet es bis zum Bahnhof?	Combien est-ce que ça coûte jusqu'à la gare ?
Was kostet es bis zum Flughafen?	Combien est-ce que ça coûte jusqu'à l'aéroport ?
Bitte geradeaus.	Tout droit, s'il vous plaît.
Bitte hier nach rechts.	A droite, s'il vous plaît.
Bitte dort an der Ecke nach links.	Prenez la première à gauche au coin, s'il vous plaît.
Ich habe es eilig.	Je suis pressé.
Ich habe Zeit.	J'ai le temps.
Fahren Sie bitte langsamer.	Allez plus lentement, s'il vous plaît.
Halten Sie hier bitte.	Arrêtez-vous ici, s'il vous plaît.
Warten Sie bitte einen Moment.	Attendez un moment, s'il vous plaît.
Ich bin gleich zurück.	Je reviens tout de suite.
Bitte geben Sie mir eine Quittung.	Donnez-moi un reçu, s'il vous plaît.
Ich habe kein Kleingeld.	Je n'ai pas de monnaie.
Es stimmt so, der Rest ist für Sie.	C'est bon, gardez la monnaie.
Fahren Sie mich zu dieser Adresse.	Conduisez-moi à cette adresse.
Fahren Sie mich zu meinem Hotel.	Conduisez-moi à cet hôtel.
Fahren Sie mich zum Strand.	Conduisez-moi à la plage.

39 [neununddreißig]

Autopanne

39 [trente-neuf]

La panne de voiture

Wo ist die nächste Tankstelle?
Ich habe einen Platten.
Können Sie das Rad wechseln?

Où est la station-service la plus proche ?
J'ai un pneu crevé.
Pouvez-vous changer le pneu ?

Ich brauche ein paar Liter Diesel.
Ich habe kein Benzin mehr.
Haben Sie einen Reservekanister?

J'ai besoin de quelques litres de diesel.
Je n'ai plus d'essence.
Avez-vous un jerrican ?

Wo kann ich telefonieren?
Ich brauche einen Abschleppdienst.
Ich suche eine Werkstatt.

Où puis-je téléphoner ?
J'ai besoin d'un service de dépannage.
Je cherche un garage.

Es ist ein Unfall passiert.
Wo ist das nächste Telefon?
Haben Sie ein Handy bei sich?

Un accident s'est produit.
Où est le téléphone le plus proche ?
Avez-vous sur vous un téléphone portable ?

Wir brauchen Hilfe.
Rufen Sie einen Arzt!
Rufen Sie die Polizei!

Nous avons besoin d'aide.
Appelez un médecin !
Appelez la police !

Ihre Papiere, bitte.
Ihren Führerschein, bitte.
Ihren Kfz-Schein, bitte.

Vos papiers, s'il vous plaît.
Votre permis de conduire, s'il vous plaît.
Votre carte grise, s'il vous plaît.

40 [vierzig]

Nach dem Weg fragen

40 [quarante]

Demander le chemin

Entschuldigen Sie!
Können Sie mir helfen?
Wo gibt es hier ein gutes Restaurant?

Excusez-moi !
Pourriez-vous m'aider ?
Où y-a-t-il un bon restaurant aux alentours ?

Gehen Sie links um die Ecke.
Gehen Sie dann ein Stück geradeaus.
Gehen Sie dann hundert Meter nach rechts.

Tournez à gauche au coin de la rue.
Ensuite allez un peu tout droit.
Faîtes ensuite cent mètres et tournez à droite.

Sie können auch den Bus nehmen.
Sie können auch die Straßenbahn nehmen.
Sie können auch einfach hinter mir herfahren.

Vous pouvez aussi prendre le bus.
Vous pouvez aussi prendre le tram.
Vous pouvez aussi me suivre en voiture.

Wie komme ich zum Fußballstadion?
Überqueren Sie die Brücke!
Fahren Sie durch den Tunnel!

Comment vais-je au stade de football ?
Traversez le pont !
Passez par le tunnel !

Fahren Sie bis zur dritten Ampel.
Biegen Sie dann die erste Straße rechts ab.
Fahren Sie dann geradeaus über die nächste Kreuzung.

Allez jusqu'au troisième feu de signalisation.
Tournez ensuite à la première rue à droite.
Continuez ensuite tout droit au prochain carrefour.

Entschuldigung, wie komme ich zum Flughafen?
Am besten nehmen Sie die U-Bahn.
Fahren Sie einfach bis zur Endstation.

Excusez-moi, comment vais-je à l'aéroport ?
Le mieux, c'est de prendre le métro.
Descendez simplement au terminus.

41 [einundvierzig]

Orientierung

41 [quarante et un]

Demander le chemin

Wo ist das Fremdenverkehrsamt?
Haben Sie einen Stadtplan für mich?
Kann man hier ein Hotelzimmer reservieren?

Où est le syndicat d'initiative ?
Pourriez-vous me procurer un plan de la ville ?
Peut-on réserver une chambre d'hôtel ici ?

Wo ist die Altstadt?
Wo ist der Dom?
Wo ist das Museum?

Où est la vieille ville ?
Où est la cathédrale ?
Où est le musée ?

Wo gibt es Briefmarken zu kaufen?
Wo gibt es Blumen zu kaufen?
Wo gibt es Fahrkarten zu kaufen?

Où peut-on acheter des timbres ?
Où peut-on acheter des fleurs ?
Où peut-on acheter des billets ?

Wo ist der Hafen?
Wo ist der Markt?
Wo ist das Schloss?

Où est le port ?
Où est le marché ?
Où est le château ?

Wann beginnt die Führung?
Wann endet die Führung?
Wie lange dauert die Führung?

Quand commence la visite ?
Quand se termine la visite ?
Combien de temps dure la visite ?

Ich möchte einen Führer, der Deutsch spricht.
Ich möchte einen Führer, der Italienisch spricht.
Ich möchte einen Führer, der Französisch spricht.

Je voudrais un guide qui parle allemand.
Je voudrais un guide qui parle italien.
Je voudrais un guide qui parle français.

42 [zweiundvierzig]

Stadtbesichtigung

42 [quarante-deux]

La visite de la ville

Ist der Markt sonntags geöffnet?	Est-ce que le marché est ouvert le dimanche ?
Ist die Messe montags geöffnet?	Est-ce que la foire est ouverte le lundi ?
Ist die Ausstellung dienstags geöffnet?	Est-ce que l'exposition est ouverte le mardi ?
Hat der Zoo mittwochs geöffnet?	Le zoo ouvre-t-il le mercredi ?
Hat das Museum donnerstags geöffnet?	Le musée ouvre-t-il le jeudi ?
Hat die Galerie freitags geöffnet?	La galerie ouvre-t-elle le vendredi ?
Darf man fotografieren?	Peut-on photographier ?
Muss man Eintritt bezahlen?	L'entrée est-elle payante ?
Wie viel kostet der Eintritt?	Combien coûte l'entrée ?
Gibt es eine Ermäßigung für Gruppen?	Y a-t-il une réduction pour les groupes ?
Gibt es eine Ermäßigung für Kinder?	Y a-t-il une réduction pour les enfants ?
Gibt es eine Ermäßigung für Studenten?	Y a-t-il une réduction pour les étudiants ?
Was für ein Gebäude ist das?	Quel est ce bâtiment ?
Wie alt ist das Gebäude?	De quand date ce bâtiment ?
Wer hat das Gebäude gebaut?	Qui a construit ce bâtiment ?
Ich interessiere mich für Architektur.	Je m'intéresse à l'architecture.
Ich interessiere mich für Kunst.	Je m'intéresse à l'art.
Ich interessiere mich für Malerei.	Je m'intéresse à la peinture.

43 [dreiundvierzig]

Im Zoo

43 [quarante-trois]

Au zoo

Dort ist der Zoo.
Dort sind die Giraffen.
Wo sind die Bären?

Le zoo est là-bas.
Les girafes sont là-bas.
Où sont les ours ?

Wo sind die Elefanten?
Wo sind die Schlangen?
Wo sind die Löwen?

Où sont les éléphants ?
Où sont les serpents ?
Où sont les lions ?

Ich habe einen Fotoapparat.
Ich habe auch eine Filmkamera.
Wo ist eine Batterie?

J'ai un appareil photo.
J'ai aussi une caméra-vidéo.
Où puis-je trouver des piles ?

Wo sind die Pinguine?
Wo sind die Kängurus?
Wo sind die Nashörner?

Où sont les pingouins ?
Où sont les kangourous ?
Où sont les rhinocéros ?

Wo ist eine Toilette?
Dort ist ein Café.
Dort ist ein Restaurant.

Où sont les toilettes ?
Il y a un café là-bas.
Il y a un restaurant là-bas.

Wo sind die Kamele?
Wo sind die Gorillas und die Zebras?
Wo sind die Tiger und die Krokodile?

Où sont les chameaux ?
Où sont les gorilles et les zèbres ?
Où sont les tigres et les crocodiles ?

44 [vierundvierzig]

Abends ausgehen

44 [quarante-quatre]

Sortir le soir

Gibt es hier eine Diskothek?	Où y a-t-il une discothèque ?
Gibt es hier einen Nachtclub?	Où y a-t-il une boîte de nuit ?
Gibt es hier eine Kneipe?	Où y a-t-il un bistrot ?
Was gibt es heute Abend im Theater?	Qu'est-ce qu'il y a ce soir au théâtre ?
Was gibt es heute Abend im Kino?	Qu'est ce qu'il y a ce soir au cinéma ?
Was gibt es heute Abend im Fernsehen?	Qu'est-ce qu'il y a ce soir à la télévision ?
Gibt es noch Karten fürs Theater?	Est-ce qu'il y a encore des places pour le théâtre ?
Gibt es noch Karten fürs Kino?	Est-ce qu'il y a encore des places pour le cinéma ?
Gibt es noch Karten für das Fußballspiel?	Est-ce qu'il y a encore des places pour le match de football ?
Ich möchte ganz hinten sitzen.	Je voudrais une place tout devant.
Ich möchte irgendwo in der Mitte sitzen.	Je voudrais une place au milieu.
Ich möchte ganz vorn sitzen.	Je voudrais une place tout au fond.
Können Sie mir etwas empfehlen?	Pouvez-vous me recommander quelque chose ?
Wann beginnt die Vorstellung?	Quand commence la présentation ?
Können Sie mir eine Karte besorgen?	Pouvez-vous me procurer un billet ?
Ist hier in der Nähe ein Golfplatz?	Est-ce qu'il y a un terrain de golf à proximité ?
Ist hier in der Nähe ein Tennisplatz?	Est- ce qu'il y a un court de tennis à proximité ?
Ist hier in der Nähe ein Hallenbad?	Est-ce qu'il y a une piscine couverte à proximité ?

45 [fünfundvierzig]

Im Kino

45 [quarante-cinq]

Au cinéma

Wir wollen ins Kino.
Heute läuft ein guter Film.
Der Film ist ganz neu.

Nous voulons aller au cinéma.
Aujourd'hui il y a un bon film.
Le film est tout nouveau.

Wo ist die Kasse?
Gibt es noch freie Plätze?
Was kosten die Eintrittskarten?

Où est la caisse ?
Y-a-t-il encore des places de libre ?
Combien coûtent les billets d'entrée ?

Wann beginnt die Vorstellung?
Wie lange dauert der Film?
Kann man Karten reservieren?

Quand commence la séance ?
Combien de temps dure le film ?
Peut-on réserver des billets d'entrée ?

Ich möchte hinten sitzen.
Ich möchte vorn sitzen.
Ich möchte in der Mitte sitzen.

Je voudrais une place à l'arrière.
Je voudrais une place à l'avant.
Je voudrais une place au milieu.

Der Film war spannend.
Der Film war nicht langweilig.
Aber das Buch zum Film war besser.

Le film était captivant.
Le film n'était pas ennuyeux.
Mais le livre était mieux que le film.

Wie war die Musik?
Wie waren die Schauspieler?
Gab es Untertitel in englischer Sprache?

Comment était la musique ?
Comment étaient les acteurs ?
Y-avait-il des sous-titres en anglais ?

46 [sechsundvierzig]

In der Diskothek

46 [quarante-six]

A la discothèque

Ist der Platz hier frei?
Darf ich mich zu Ihnen setzen?
Gern.

Est-ce que cette place est libre ?
Puis-je m'asseoir à côté de vous ?
Je vous en prie.

Wie finden Sie die Musik?
Ein bisschen zu laut.
Aber die Band spielt ganz gut.

Comment trouvez-vous la musique ?
Un peu trop forte.
Mais le groupe joue très bien.

Sind Sie öfter hier?
Nein, das ist das erste Mal.
Ich war noch nie hier.

Venez-vous souvent ici ?
Non, c'est la première fois.
Je n'y étais encore jamais venue.

Tanzen Sie?
Später vielleicht.
Ich kann nicht so gut tanzen.

Voulez-vous danser ?
Plus tard, peut-être.
Je ne sais pas très bien danser.

Das ist ganz einfach.
Ich zeige es Ihnen.
Nein, lieber ein anderes Mal.

C'est très simple.
Je vous montrerai.
Non, plutôt une autre fois.

Warten Sie auf jemand?
Ja, auf meinen Freund.
Da hinten kommt er ja!

Est-ce que vous attendez quelqu'un ?
Oui, mon ami.
Il arrive juste derrière nous !

47 [siebenundvierzig]

Reisevorbereitungen

47 [quarante-sept]

Les préparations de voyage

Du musst unseren Koffer packen!	Tu dois faire notre valise !
Du darfst nichts vergessen!	Tu ne dois rien oublier !
Du brauchst einen großen Koffer!	Tu as besoin d'une grande valise !
Vergiss nicht den Reisepass!	N'oublie pas ton passeport !
Vergiss nicht das Flugticket!	N'oublie pas ton billet d'avion !
Vergiss nicht die Reiseschecks!	N'oublie pas tes chèques de voyage !
Nimm Sonnencreme mit.	Amène la crème solaire.
Nimm die Sonnenbrille mit.	Amène les lunettes de soleil.
Nimm den Sonnenhut mit.	Amène le chapeau de soleil.
Willst du eine Straßenkarte mitnehmen?	Veux-tu amener une carte routière ?
Willst du einen Reiseführer mitnehmen?	Veux-tu amener un guide de voyage ?
Willst du einen Regenschirm mitnehmen?	Veux-tu amener un parapluie ?
Denk an die Hosen, die Hemden, die Socken.	Pense aux pantalons, aux chemises et aux chaussettes.
Denk an die Krawatten, die Gürtel, die Sakkos.	Pense aux cravates, aux ceintures et aux vestons.
Denk an die Schlafanzüge, die Nachthemden und die T-Shirts.	Pense aux pyjamas, aux chemises de nuit et aux t-shirts.
Du brauchst Schuhe, Sandalen und Stiefel.	Tu as besoin de chaussures, de sandales et de bottes.
Du brauchst Taschentücher, Seife und eine Nagelschere.	Tu as besoin de mouchoirs, de savon et d'un coupe-ongles.
Du brauchst einen Kamm, eine Zahnbürste und Zahnpasta.	Tu as besoin d'un peigne, d'une brosse à dents et du dentifrice.

48 [achtundvierzig]

Urlaubsaktivitäten

48 [quarante-huit]

Les activités de vacances

Ist der Strand sauber?
Kann man dort baden?
Ist es nicht gefährlich, dort zu baden?

Est-ce que la plage est propre ?
Est-ce qu'on peut se baigner là ?
Est-ce que c'est dangereux de se baigner là ?

Kann man hier einen Sonnenschirm leihen?
Kann man hier einen Liegestuhl leihen?
Kann man hier ein Boot leihen?

Est-ce qu'on peut louer un parasol ici ?
Est-ce qu'on peut louer une chaise longue ici ?
Est-ce qu'on peut louer un bateau ici ?

Ich würde gern surfen.
Ich würde gern tauchen.
Ich würde gern Wasserski fahren.

Je voudrais faire du surf.
Je voudrais faire de la plongée.
Je voudrais faire du ski nautique.

Kann man ein Surfbrett mieten?
Kann man eine Taucherausrüstung mieten?
Kann man Wasserskier mieten?

Est-ce qu'on peut louer une planche de surf ?
Est-ce qu'on peut louer un équipement de plongée ?
Est-ce qu'on peut louer des skis nautiques ?

Ich bin erst Anfänger.
Ich bin mittelgut.
Ich kenne mich damit schon aus.

Je suis seulement un(e) débutant(e).
Je suis moyenne.
Je m'y connais déjà bien.

Wo ist der Skilift?
Hast du denn Skier dabei?
Hast du denn Skischuhe dabei?

Où est le téléski ?
As-tu amené les skis ?
As-tu amené les chaussures de ski ?

49 [neunundvierzig]

Sport

49 [quarante-neuf]

Le sport

Treibst du Sport?
Ja, ich muss mich bewegen.
Ich gehe in einen Sportverein.

Pratiques-tu un sport ?
Oui, je dois bouger.
Je vais au centre sportif.

Wir spielen Fußball.
Manchmal schwimmen wir.
Oder wir fahren Rad.

Nous jouons au football.
Parfois nous nageons.
Ou nous faisons du vélo.

In unserer Stadt gibt es ein Fußballstadion.
Es gibt auch ein Schwimmbad mit Sauna.
Und es gibt einen Golfplatz.

Dans notre ville, il y a un stade de football.
Il y a aussi une piscine avec sauna.
Et il y a un terrain de golf.

Was gibt es im Fernsehen?
Gerade gibt es ein Fußballspiel.
Die deutsche Mannschaft spielt gegen die englische.

Qu'y a-t-il à la télévision ?
Il y a un match de foot.
L'équipe allemande joue contre l'équipe anglaise.

Wer gewinnt?
Ich habe keine Ahnung.
Im Moment steht es unentschieden.

Qui gagne ?
Je n'en ai aucune idée.
Pour le moment, c'est match nul.

Der Schiedsrichter kommt aus Belgien.
Jetzt gibt es einen Elfmeter.
Tor! Eins zu null!

L'arbitre vient de Belgique.
Maintenant, il y a un penalty.
But ! Un à zéro !

50 [fünfzig]

Im Schwimmbad

50 [cinquante]

A la piscine

Heute ist es heiß.	Il fait chaud aujourd'hui.
Gehen wir ins Schwimmbad?	Si nous allions à la piscine ?
Hast du Lust, schwimmen zu gehen?	As-tu envie d'aller nager ?
Hast du ein Handtuch?	As-tu une serviette de bain ?
Hast du eine Badehose?	As-tu une culotte de bain ?
Hast du einen Badeanzug?	As-tu un maillot de bain ?
Kannst du schwimmen?	Sais-tu nager ?
Kannst du tauchen?	Sais-tu plonger ?
Kannst du ins Wasser springen?	Peux-tu sauter dans l'eau ?
Wo ist die Dusche?	Où est la douche ?
Wo ist die Umkleidekabine?	Où est la cabine pour se changer ?
Wo ist die Schwimmbrille?	Où sont les lunettes de plongée ?
Ist das Wasser tief?	Est-ce que l'eau est profonde ?
Ist das Wasser sauber?	Est-ce que l'eau est dangereuse ?
Ist das Wasser warm?	Est-ce que l'eau est chaude ?
Ich friere.	Je caille.
Das Wasser ist zu kalt.	L'eau est trop froide.
Ich gehe jetzt aus dem Wasser.	Je sors maintenant de l'eau.

51 [einundfünfzig]

Besorgungen machen

51 [cinquante et un]

Faire des courses

Ich will in die Bibliothek.	Je veux aller à la bibliothèque.
Ich will in die Buchhandlung.	Je veux aller à la librairie.
Ich will zum Kiosk.	Je veux aller au kiosque.
Ich will ein Buch leihen.	Je veux emprunter un livre.
Ich will ein Buch kaufen.	Je veux acheter un livre.
Ich will eine Zeitung kaufen.	Je veux acheter un journal.
Ich will in die Bibliothek, um ein Buch zu leihen.	Je veux aller à la bibliothèque pour emprunter un livre.
Ich will in die Buchhandlung, um ein Buch zu kaufen.	Je veux aller à la librairie pour acheter un livre.
Ich will zum Kiosk, um eine Zeitung zu kaufen.	Je veux aller au kiosque pour acheter un journal.
Ich will zum Optiker.	Je veux aller chez l'opticien.
Ich will zum Supermarkt.	Je veux aller au supermarché.
Ich will zum Bäcker.	Je veux aller chez le boulanger.
Ich will eine Brille kaufen.	Je veux acheter une paire de lunettes.
Ich will Obst und Gemüse kaufen.	Je veux acheter des fruits et des légumes.
Ich will Brötchen und Brot kaufen.	Je veux acheter des petits pains et du pain.
Ich will zum Optiker, um eine Brille zu kaufen.	Je veux aller chez l'opticien pour acheter une paire de lunettes.
Ich will zum Supermarkt, um Obst und Gemüse zu kaufen.	Je veux aller au supermarché pour acheter des fruits et des légumes.
Ich will zum Bäcker, um Brötchen und Brot zu kaufen.	Je veux aller chez le boulanger pour acheter des petits pains et du pain.

52 [zweiundfünfzig]

Im Kaufhaus

52 [cinquante-deux]

Dans le grand magasin

Gehen wir in ein Kaufhaus?
Ich muss Einkäufe machen.
Ich will viel einkaufen.

Si nous allions dans le grand magasin ?
Je dois faire des courses.
Je veux acheter beaucoup de chose.

Wo sind die Büroartikel?
Ich brauche Briefumschläge und Briefpapier.
Ich brauche Kulis und Filzstifte.

Où sont les articles de bureau ?
J'ai besoin d'enveloppes et de papier à lettre.
J'ai besoin de stylos et de feutres.

Wo sind die Möbel?
Ich brauche einen Schrank und eine Kommode.
Ich brauche einen Schreibtisch und ein Regal.

Où sont les meubles ?
J'ai besoin d'une armoire et d'une commode.
J'ai besoin d'un bureau et d'une étagère.

Wo sind die Spielsachen?
Ich brauche eine Puppe und einen Teddybär.
Ich brauche einen Fußball und ein Schachspiel.

Où sont les jouets ?
J'ai besoin d'une poupée et d'un ours en peluche.
J'ai besoin d'un ballon de foot et d'un jeu d'échec.

Wo ist das Werkzeug?
Ich brauche einen Hammer und eine Zange.
Ich brauche einen Bohrer und einen Schraubenzieher.

Où sont les outils ?
J'ai besoin d'un marteau et d'une pince.
J'ai besoin d'une perceuse et d'un tournevis.

Wo ist der Schmuck?
Ich brauche eine Kette und ein Armband.
Ich brauche einen Ring und Ohrringe.

Où sont les bijoux ?
J'ai besoin d'une chaîne et d'un bracelet.
J'ai besoin d'une bague et des boucles d'oreilles.

53 [dreiundfünfzig]

Geschäfte

53 [cinquante-trois]

Les magasins

Wir suchen ein Sportgeschäft.	Nous cherchons un magasin d'articles sportifs.
Wir suchen eine Fleischerei.	Nous cherchons une boucherie.
Wir suchen eine Apotheke.	Nous cherchons une pharmacie.
Wir möchten nämlich einen Fußball kaufen.	C'est que nous voudrions acheter un ballon de football.
Wir möchten nämlich Salami kaufen.	C'est que nous voudrions acheter du salami.
Wir möchten nämlich Medikamente kaufen.	C'est que nous voudrions acheter des médicaments.
Wir suchen ein Sportgeschäft, um einen Fußball zu kaufen.	Nous cherchons un magasin d'articles de sport pour acheter un ballon de football.
Wir suchen eine Fleischerei, um Salami zu kaufen.	Nous cherchons une boucherie pour acheter du salami.
Wir suchen eine Apotheke, um Medikamente zu kaufen.	Nous cherchons une pharmacie pour acheter des médicaments.
Ich suche einen Juwelier.	Je cherche un bijoutier.
Ich suche ein Fotogeschäft.	Je cherche un magasin d'articles photographiques.
Ich suche eine Konditorei.	Je cherche une pâtisserie.
Ich habe nämlich vor, einen Ring zu kaufen.	C'est que j'ai l'intention d'acheter une bague.
Ich habe nämlich vor, einen Film zu kaufen.	C'est que j'ai l'intention d'acheter une pellicule.
Ich habe nämlich vor, eine Torte zu kaufen.	C'est que j'ai l'intention d'acheter une tarte.
Ich suche einen Juwelier, um einen Ring zu kaufen.	Je cherche un bijoutier pour acheter une bague.
Ich suche ein Fotogeschäft, um einen Film zu kaufen.	Je cherche un photographe pour acheter une pellicule.
Ich suche eine Konditorei, um eine Torte zu kaufen.	Je cherche une pâtisserie pour acheter une tarte.

54 [vierundfünfzig]

Einkaufen

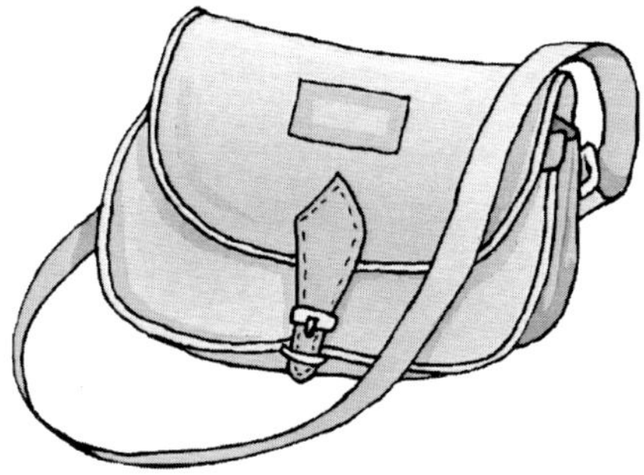

54 [cinquante-quatre]

Faire du shopping

Ich möchte ein Geschenk kaufen.	Je voudrais acheter un cadeau.
Aber nichts allzu Teueres.	Mais pas trop cher.
Vielleicht eine Handtasche?	Peut-être un sac à main ?
Welche Farbe möchten Sie?	Quelle couleur désirez-vous ?
Schwarz, braun oder weiß?	Noir, brun ou blanc ?
Eine große oder eine kleine?	Un grand ou un petit ?
Darf ich diese mal sehen?	Est-ce que je peux voir celui-ci ?
Ist die aus Leder?	Est-il en cuir ?
Oder ist die aus Kunststoff?	Ou en matière synthétique ?
Aus Leder natürlich.	En cuir véritable.
Das ist eine besonders gute Qualität.	C'est de la très bonne qualité.
Und die Handtasche ist wirklich sehr preiswert.	Et le sac est vraiment à un prix très avantageux.
Die gefällt mir.	Il me plaît bien.
Die nehme ich.	Je le prends.
Kann ich die eventuell umtauschen?	Puis-je éventuellement l'échanger ?
Selbstverständlich.	Bien sur.
Wir packen sie als Geschenk ein.	Nous vous faisons un paquet cadeau.
Dort drüben ist die Kasse.	La caisse est par derrière.

55 [fünfundfünfzig]

Arbeiten

55 [cinquante-cinq]

Travailler

Was machen Sie beruflich?
Mein Mann ist Arzt von Beruf.
Ich arbeite halbtags als Krankenschwester.

Bald bekommen wir Rente.
Aber die Steuern sind hoch.
Und die Krankenversicherung ist hoch.

Was willst du einmal werden?
Ich möchte Ingenieur werden.
Ich will an der Universität studieren.

Ich bin Praktikant.
Ich verdiene nicht viel.
Ich mache ein Praktikum im Ausland.

Das ist mein Chef.
Ich habe nette Kollegen.
Mittags gehen wir immer in die Kantine.

Ich suche eine Stelle.
Ich bin schon ein Jahr arbeitslos.
In diesem Land gibt es zu viele Arbeitslose.

Que faîtes-vous dans la vie ?
Mon mari est médecin.
Je travaille comme infirmière à mi-temps.

Nous partons bientôt à la retraite.
Mais les impôts sont élevés.
Et l'assurance maladie est chère.

Que veux-tu faire plus tard ?
Je voudrais devenir ingénieur.
Je veux étudier à l'université.

Je suis stagiaire.
Je ne gagne pas beaucoup.
Je fais un stage à l'étranger.

C'est mon chef.
J'ai des collègues sympathiques.
A midi, nous allons toujours à la cantine.

Je cherche du travail.
Je suis au chômage depuis déjà un an.
Il y a trop de chômeurs dans ce pays.

56 [sechsundfünfzig]

Gefühle

56 [cinquante-six]

Les sentiments

Lust haben
Wir haben Lust.
Wir haben keine Lust.

avoir envie
Nous avons envie.
Nous n'avons pas envie.

Angst haben
Ich habe Angst.
Ich habe keine Angst.

avoir peur
J'ai peur.
Je n'ai pas peur.

Zeit haben
Er hat Zeit.
Er hat keine Zeit.

avoir le temps
Il a le temps.
Il n'a pas le temps.

Langeweile haben
Sie hat Langeweile.
Sie hat keine Langeweile.

s'ennuyer
Elle s'ennuie.
Elle ne s'ennuie pas.

Hunger haben
Habt ihr Hunger?
Habt ihr keinen Hunger?

avoir faim
Avez-vous faim ?
N'avez-vous pas faim ?

Durst haben
Sie haben Durst.
Sie haben keinen Durst.

avoir soif
Ils ont soif.
Ils n'ont pas soif.

57 [siebenundfünfzig]

Beim Arzt

57 [cinquante-sept]

Chez le médecin

Ich habe einen Termin beim Arzt.	J'ai rendez-vous chez le docteur.
Ich habe den Termin um zehn Uhr.	J'ai rendez-vous à dix heures.
Wie ist Ihr Name?	Quel est votre nom ?
Bitte nehmen Sie im Wartezimmer Platz.	Veuillez vous asseoir dans la salle d'attente.
Der Arzt kommt gleich.	Le docteur va arriver.
Wo sind Sie versichert?	Où êtes-vous assuré(e) ?
Was kann ich für Sie tun?	Que puis-je faire pour vous ?
Haben Sie Schmerzen?	Êtes-vous en douleurs ?
Wo tut es weh?	Où êtes-vous en douleurs ?
Ich habe immer Rückenschmerzen.	J'ai toujours mal au dos.
Ich habe oft Kopfschmerzen.	J'ai souvent des maux de tête.
Ich habe manchmal Bauchschmerzen.	Parfois, j'ai mal au ventre.
Machen Sie bitte den Oberkörper frei!	Enlevez le haut, s'il vous plait !
Legen Sie sich bitte auf die Liege!	Veuillez vous allonger sur la table d'examen !
Der Blutdruck ist in Ordnung.	La tension est normale.
Ich gebe Ihnen eine Spritze.	Je vais vous faire une piqûre.
Ich gebe Ihnen Tabletten.	Je vous prescris des comprimés.
Ich gebe Ihnen ein Rezept für die Apotheke.	Je vous donne une ordonnance pour la pharmacie.

58 [achtundfünfzig]

Körperteile

58 [cinquante-huit]

Les parties du corps

Ich zeichne einen Mann.
Zuerst den Kopf.
Der Mann trägt einen Hut.

Je dessine un homme.
D'abord, la tête.
L'homme porte un chapeau.

Die Haare sieht man nicht.
Die Ohren sieht man auch nicht.
Den Rücken sieht man auch nicht.

On ne voit pas les cheveux.
On ne voit pas non plus les oreilles.
On ne voit pas non plus le dos.

Ich zeichne die Augen und den Mund.
Der Mann tanzt und lacht.
Der Mann hat eine lange Nase.

Je dessine les yeux et la bouche.
L'homme danse et rit.
L'homme a un long nez.

Er trägt einen Stock in den Händen.
Er trägt auch einen Schal um den Hals.
Es ist Winter und es ist kalt.

Il porte une canne dans ses mains.
Il porte également une écharpe autour du cou.
C'est l'hiver et il fait froid.

Die Arme sind kräftig.
Die Beine sind auch kräftig.
Der Mann ist aus Schnee.

Les bras sont musclés.
Les jambes sont également musclées.
C'est un homme fait de neige.

Er trägt keine Hose und keinen Mantel.
Aber der Mann friert nicht.
Er ist ein Schneemann.

Il ne porte ni pantalon, ni manteau.
Mais cet homme n'a pas froid.
C'est un bonhomme de neige.

59 [neunundfünfzig]

Im Postamt

59 [cinquante-neuf]

A la poste

Wo ist das nächste Postamt?	Où est le bureau de poste le plus proche ?
Ist es weit bis zum nächsten Postamt?	Quelle est la distance jusqu'au bureau de poste le plus proche ?
Wo ist der nächste Briefkasten?	Où est la boîte aux lettres la plus proche ?
Ich brauche ein paar Briefmarken.	J'ai besoin de quelques timbres.
Für eine Karte und einen Brief.	Pour une carte postale et une lettre.
Wie teuer ist das Porto nach Amerika?	À combien s'élève l'affranchissement pour l'Amérique ?
Wie schwer ist das Paket?	Combien pèse ce paquet ?
Kann ich es per Luftpost schicken?	Est-ce que je peux l'envoyer par avion ?
Wie lange dauert es, bis es ankommt?	Combien de temps faut-il compter jusqu'à ce qu'il arrive ?
Wo kann ich telefonieren?	Où puis-je téléphoner ?
Wo ist die nächste Telefonzelle?	Où est la cabine téléphonique la plus proche ?
Haben Sie Telefonkarten?	Avez-vous des télécartes ?
Haben Sie ein Telefonbuch?	Avez-vous un annuaire téléphonique ?
Kennen Sie die Vorwahl von Österreich?	Connaissez-vous l'indicatif pour l'Autriche ?
Einen Augenblick, ich schau mal nach.	Un instant, je vais voir.
Die Leitung ist immer besetzt.	La ligne est toujours occupée.
Welche Nummer haben Sie gewählt?	Quel numéro avez-vous composé ?
Sie müssen zuerst die Null wählen!	Vous devez d'abord composer le zéro !

60 [sechzig]

In der Bank

60 [soixante]

A la banque

Ich möchte ein Konto eröffnen.
Hier ist mein Pass.
Und hier ist meine Adresse.

Je voudrais ouvrir un compte.
Voici mon passeport.
Et voici mon adresse.

Ich möchte Geld auf mein Konto einzahlen.
Ich möchte Geld von meinem Konto abheben.
Ich möchte die Kontoauszüge abholen.

Je voudrais déposer de l'argent sur mon compte.
Je voudrais retirer de l'argent de mon compte.
Je voudrais recevoir mon relevé de compte.

Ich möchte einen Reisescheck einlösen.
Wie hoch sind die Gebühren?
Wo muss ich unterschreiben?

Je voudrais toucher un chèque-voyage.
A combien s'élève la commission ?
Où dois-je signer ?

Ich erwarte eine Überweisung aus Deutschland.
Hier ist meine Kontonummer.
Ist das Geld angekommen?

J'attends un virement d'Allemagne.
Voici mon numéro de compte.
Est-ce que l'argent est disponible ?

Ich möchte dieses Geld wechseln.
Ich brauche US-Dollar.
Bitte geben Sie mir kleine Scheine.

Je voudrais changer cette somme.
J'ai besoin de dollars américains.
Donnez-moi des petites coupures, s'il vous plaît.

Gibt es hier einen Geldautomat?
Wie viel Geld kann man abheben?
Welche Kreditkarten kann man benutzen?

Y a-t-il ici un distributeur automatique de billets ?
Quel montant est-il possible de retirer ?
Quelles sont les cartes de crédit qu'on peut utiliser ?

61 [einundsechzig]

Ordinalzahlen

61 [soixante et un]

Les nombres ordinaux

Der erste Monat ist der Januar.
Der zweite Monat ist der Februar.
Der dritte Monat ist der März.

Le premier mois est janvier.
Le deuxième mois est février.
Le troisième mois est mars.

Der vierte Monat ist der April.
Der fünfte Monat ist der Mai.
Der sechste Monat ist der Juni.

Le quatrième mois est avril.
Le cinquième mois est mai.
Le sixième mois est juin.

Sechs Monate sind ein halbes Jahr.
Januar, Februar, März,
April, Mai und Juni.

Il y a six mois dans une demi-année.
Janvier, février, mars,
avril, mai, juin.

Der siebte Monat ist der Juli.
Der achte Monat ist der August.
Der neunte Monat ist der September.

Le septième mois est juillet.
Le huitième mois est août.
Le neuvième mois est septembre.

Der zehnte Monat ist der Oktober.
Der elfte Monat ist der November.
Der zwölfte Monat ist der Dezember.

Le dixième mois est octobre.
Le onzième mois est novembre.
Le douzième mois est décembre.

Zwölf Monate sind ein Jahr.
Juli, August, September,
Oktober, November und Dezember.

Il y a douze mois dans une année.
Juillet, août, septembre,
octobre, novembre et décembre.

62 [zweiundsechzig]

Fragen stellen 1

62 [soixante-deux]

Poser des questions 1

lernen
Lernen die Schüler viel?
Nein, sie lernen wenig.

apprendre
Les élèves apprennent-ils beaucoup ?
Non, ils apprennent peu.

fragen
Fragen Sie oft den Lehrer?
Nein, ich frage ihn nicht oft.

demander
Demandez-vous souvent votre instituteur ?
Non, nous ne le demandons pas souvent.

antworten
Antworten Sie, bitte.
Ich antworte.

répondre
Répondez, s'il vous plaît.
Je réponds.

arbeiten
Arbeitet er gerade?
Ja, er arbeitet gerade.

travailler
Travaille-t-il en ce moment ?
Oui, il travaille en ce moment.

kommen
Kommen Sie?
Ja, wir kommen gleich.

venir
Venez-vous ?
Oui, nous arrivons tout de suite.

wohnen
Wohnen Sie in Berlin?
Ja, ich wohne in Berlin.

habiter
Habitez-vous à Berlin ?
Oui, j'habite à Berlin.

63 [dreiundsechzig]

Fragen stellen 2

63 [soixante-trois]

Poser des questions 2

Ich habe ein Hobby.
Ich spiele Tennis.
Wo ist ein Tennisplatz?

J'ai un hobby.
Je joue au tennis.
Où est le terrain de tennis ?

Hast du ein Hobby?
Ich spiele Fußball.
Wo ist ein Fußballplatz?

As-tu un hobby préféré ?
Je joue au foot.
Où est le terrain de foot ?

Mein Arm tut weh.
Mein Fuß und meine Hand tun auch weh.
Wo ist ein Doktor?

Mon bras me fait mal.
Mon pied et ma main me font également mal.
Y-a-t-il un médecin ?

Ich habe ein Auto.
Ich habe auch ein Motorrad.
Wo ist ein Parkplatz?

J'ai une voiture.
J'ai aussi une moto.
Où est le parking ?

Ich habe einen Pullover.
Ich habe auch eine Jacke und eine Jeans.
Wo ist die Waschmaschine?

J'ai un pull.
J'ai aussi une veste et un jean.
Où est la machine à laver ?

Ich habe einen Teller.
Ich habe ein Messer, eine Gabel und einen Löffel.
Wo sind Salz und Pfeffer?

J'ai une assiette.
J'ai un couteau, une fourchette et une cuillère.
Où sont le sel et le poivre ?

64 [vierundsechzig]

Verneinung 1

64 [soixante-quatre]

Négation 1

Ich verstehe das Wort nicht.
Ich verstehe den Satz nicht.
Ich verstehe die Bedeutung nicht.

der Lehrer
Verstehen Sie den Lehrer?
Ja, ich verstehe ihn gut.

die Lehrerin
Verstehen Sie die Lehrerin?
Ja, ich verstehe sie gut.

die Leute
Verstehen Sie die Leute?
Nein, ich verstehe sie nicht so gut.

die Freundin
Haben Sie eine Freundin?
Ja, ich habe eine.

die Tochter
Haben Sie eine Tochter?
Nein, ich habe keine.

Je ne comprends pas le mot.
Je ne comprends pas la phrase.
Je ne comprends pas le sens.

l'instituteur
Comprenez-vous l'instituteur ?
Oui, je le comprends bien.

l'institutrice
Est-ce que vous comprenez l'institutrice ?
Oui, je la comprends bien.

les gens
Est-ce que vous comprenez les gens ?
Non, je ne les comprends pas très bien.

l'amie
Avez-vous une amie ?
Non, je n'en ai pas.

la fille
Avez-vous une fille ?
Non, je n'en ai pas.

65 [fünfundsechzig]

Verneinung 2

65 [soixante-cinq]

Négation 2

Ist der Ring teuer?
Nein, er kostet nur hundert Euro.
Aber ich habe nur fünfzig.

Est-ce que la bague est chère ?
Non, elle ne coûte que cent Euro.
Mais, j'en ai seulement cinquante.

Bist du schon fertig?
Nein, noch nicht.
Aber gleich bin ich fertig.

As-tu déjà terminé ?
Non, pas encore.
Mais j'aurais bientôt fini.

Möchtest du noch Suppe?
Nein, ich will keine mehr.
Aber noch ein Eis.

Veux-tu encore de la soupe ?
Non, je n'en veux plus.
Mais, encore une glace.

Wohnst du schon lange hier?
Nein, erst einen Monat.
Aber ich kenne schon viele Leute.

Habites-tu depuis longtemps ici ?
Non, juste un mois.
Mais je connais déjà beaucoup de personnes.

Fährst du morgen nach Hause?
Nein, erst am Wochenende.
Aber ich komme schon am Sonntag zurück.

Vas-tu à la maison demain ?
Non, seulement en week-end.
Mais je rentre déjà dimanche.

Ist deine Tochter schon erwachsen?
Nein, sie ist erst siebzehn.
Aber sie hat schon einen Freund.

Est-ce que ta fille est déjà une adulte ?
Non, elle a seulement dix-sept ans.
Mais elle a déjà un petit ami.

66 [sechsundsechzig]

Possessivpronomen 1

66 [soixante-six]

Pronoms possessifs 1

ich - mein
Ich finde meinen Schlüssel nicht.
Ich finde meine Fahrkarte nicht.

je – ma / mon
Je ne trouve pas ma clef.
Je ne trouve pas mon billet.

du - dein
Hast du deinen Schlüssel gefunden?
Hast du deine Fahrkarte gefunden?

tu – ta / ton
As-tu trouvé ta clef ?
As-tu trouvé ton billet ?

er - sein
Weißt du, wo sein Schlüssel ist?
Weißt du, wo seine Fahrkarte ist?

il – sa / son
Sais-tu où est sa clef ?
Sais-tu où est son billet ?

sie - ihr
Ihr Geld ist weg.
Und ihre Kreditkarte ist auch weg.

ils - leur
Leur argent a disparu.
Leur carte de crédit a aussi disparu.

wir - unser
Unser Opa ist krank.
Unsere Oma ist gesund.

nous - notre
Notre grand-père est malade.
Notre grand-mère est en bonne santé.

ihr - euer
Kinder, wo ist euer Vati?
Kinder, wo ist eure Mutti?

vous - votre
Les enfants, où est votre papa ?
Les enfants, où est votre maman ?

67 [siebenundsechzig]

Possessivpronomen 2

67 [soixante-sept]

Pronoms possessifs 2

die Brille
Er hat seine Brille vergessen.
Wo hat er denn seine Brille?

les lunettes
Il a oublié ses lunettes.
Où a-t-il donc mis ses lunettes ?

die Uhr
Seine Uhr ist kaputt.
Die Uhr hängt an der Wand.

la montre / l'horloge
Sa montre est cassée.
L'horloge est accrochée au mur.

der Pass
Er hat seinen Pass verloren.
Wo hat er denn seinen Pass?

le passeport
Il a perdu son passeport.
Où a-t-il donc mis son passeport ?

sie - ihr
Die Kinder können ihre Eltern nicht finden.
Aber da kommen ja ihre Eltern!

ils - leur
Les enfants ne peuvent pas trouver leurs parents.
Mais voici leurs parents qui arrivent juste à l'instant !

Sie - Ihr
Wie war Ihre Reise, Herr Müller?
Wo ist Ihre Frau, Herr Müller?

vous - votre
Comment s'est passé votre voyage, Monsieur Muller ?
Où est votre femme, Monsieur Muller ?

Sie - Ihr
Wie war Ihre Reise, Frau Schmidt?
Wo ist Ihr Mann, Frau Schmidt?

vous - votre
Comment s'est passé votre voyage, Madame Schmidt ?
Où est votre mari, Madame Schmidt ?

68 [achtundsechzig]

68 [soixante-huit]

groß - klein

grand - petit

groß und klein	grand et petit
Der Elefant ist groß.	L'éléphant est grand.
Die Maus ist klein.	La souris est petite.
dunkel und hell	sombre et clair
Die Nacht ist dunkel.	La nuit est sombre.
Der Tag ist hell.	Le jour est clair.
alt und jung	vieux et jeune
Unser Großvater ist sehr alt.	Notre grand-père est très vieux.
Vor 70 Jahren war er noch jung.	Il y a 70 ans il était encore jeune.
schön und hässlich	beau et laid
Der Schmetterling ist schön.	Le papillon est beau.
Die Spinne ist hässlich.	L'araignée est laide.
dick und dünn	gros et maigre
Eine Frau mit 100 Kilo ist dick.	Une femme de cent kg est grosse.
Ein Mann mit 50 Kilo ist dünn.	Un homme de cinquante kg est maigre.
teuer und billig	cher et bon marché
Das Auto ist teuer.	L'automobile est chère.
Die Zeitung ist billig.	Le journal est bon marché.

69 [neunundsechzig]

brauchen - wollen

69 [soixante-neuf]

avoir besoin - vouloir

Ich brauche ein Bett.
Ich will schlafen.
Gibt es hier ein Bett?

J'ai besoin d'un lit.
Je veux dormir.
Y-a-t-il un lit ici ?

Ich brauche eine Lampe.
Ich will lesen.
Gibt es hier eine Lampe?

J'ai besoin d'une lampe.
Je veux lire.
Y-a-t-il une lampe ici ?

Ich brauche ein Telefon.
Ich will telefonieren.
Gibt es hier ein Telefon?

J'ai besoin d'un téléphone.
Je veux téléphoner.
Y-a-t-il un téléphone ici ?

Ich brauche eine Kamera.
Ich will fotografieren.
Gibt es hier eine Kamera?

J'ai besoin d'une caméra.
Je veux prendre des photos.
Y-a-t-il une caméra ici ?

Ich brauche einen Computer.
Ich will eine E-Mail schicken.
Gibt es hier einen Computer?

J'ai besoin d'un ordinateur.
Je veux envoyer un e-mail.
Y-a-t-il un ordinateur ici ?

Ich brauche einen Kuli.
Ich will etwas schreiben.
Gibt es hier ein Blatt Papier und einen Kuli?

J'ai besoin d'un stylo.
Je veux écrire quelque chose.
Y-a-t-il une feuille de papier et un stylo ici ?

70 [siebzig]

etwas *mögen*

70 [soixante-dix]

***désirer* qc.**

Möchten Sie rauchen?	Désirez-vous fumer ?
Möchten Sie tanzen?	Désirez-vous danser ?
Möchten Sie spazieren gehen?	Désirez-vous vous promener ?
Ich möchte rauchen.	Je voudrais fumer.
Möchtest du eine Zigarette?	Veux-tu une cigarette ?
Er möchte Feuer.	Il voudrait du feu.
Ich möchte etwas trinken.	Je voudrais boire quelque chose.
Ich möchte etwas essen.	Je voudrais manger quelque chose.
Ich möchte mich etwas ausruhen.	Je voudrais me reposer.
Ich möchte Sie etwas fragen.	Je voudrais vous demander quelque chose.
Ich möchte Sie um etwas bitten.	Je voudrais vous demander pour quelque chose.
Ich möchte Sie zu etwas einladen.	Je voudrais vous inviter à quelque chose.
Was möchten Sie bitte?	Que désirez-vous, s'il vous plaît ?
Möchten Sie einen Kaffee?	Désirez-vous un café ?
Oder möchten Sie lieber einen Tee?	Ou préférez-vous un thé ?
Wir möchten nach Hause fahren.	Nous voudrions aller à la maison.
Möchtet ihr ein Taxi?	Désirez-vous prendre un taxi ?
Sie möchten telefonieren.	Ils voudraient téléphoner.

71 [einundsiebzig]

etwas *wollen*

71 [soixante et onze]

***vouloir* qc.**

Was wollt ihr?	Qu'est ce que vous voulez ?
Wollt ihr Fußball spielen?	Est-ce que vous voulez jouer au football ?
Wollt ihr Freunde besuchen?	Est-ce que vous voulez rendre visite à des amis ?
wollen	vouloir
Ich will nicht spät kommen.	Je ne veux pas arriver en retard.
Ich will nicht hingehen.	Je ne veux pas y aller.
Ich will nach Hause gehen.	Je veux aller à la maison.
Ich will zu Hause bleiben.	Je veux rester à la maison.
Ich will allein sein.	Je veux être seul.
Willst du hier bleiben?	Veux-tu rester ici ?
Willst du hier essen?	Veux-tu manger ici ?
Willst du hier schlafen?	Veux-tu dormir ici ?
Wollen Sie morgen abfahren?	Voulez-vous partir demain ?
Wollen Sie bis morgen bleiben?	Voulez-vous rester jusqu'à demain ?
Wollen Sie die Rechnung erst morgen bezahlen?	Voulez-vous régler la note seulement demain ?
Wollt ihr in die Disko?	Voulez-vous aller à la discothèque ?
Wollt ihr ins Kino?	Voulez-vous aller au cinéma ?
Wollt ihr ins Café?	Voulez-vous aller au café ?

72 [zweiundsiebzig]

etwas *müssen*

72 [soixante-douze]

***devoir faire* qc.**

müssen
Ich muss den Brief verschicken.
Ich muss das Hotel bezahlen.

devoir
Je dois envoyer une lettre.
Je dois payer l'hôtel.

Du musst früh aufstehen.
Du musst viel arbeiten.
Du musst pünktlich sein.

Tu dois te lever tôt.
Tu dois beaucoup travailler.
Tu dois être à l'heure.

Er muss tanken.
Er muss das Auto reparieren.
Er muss das Auto waschen.

Il doit faire le plein.
Il doit réparer la voiture.
Il doit laver la voiture.

Sie muss einkaufen.
Sie muss die Wohnung putzen.
Sie muss die Wäsche waschen.

Elle doit faire des achats.
Elle doit faire le ménage dans l'appartement.
Elle doit laver le linge.

Wir müssen gleich zur Schule gehen.
Wir müssen gleich zur Arbeit gehen.
Wir müssen gleich zum Arzt gehen.

Nous devons aller tout de suite à l'école.
Nous devons aller tout de suite au travail.
Nous devons aller tout de suite chez le médecin.

Ihr müsst auf den Bus warten.
Ihr müsst auf den Zug warten.
Ihr müsst auf das Taxi warten.

Vous devez attendre le bus.
Vous devez attendre le train.
Vous devez attendre le taxi.

73 [dreiundsiebzig]

etwas *dürfen*

73 [soixante-treize]

***avoir le droit de faire* qc.**

Darfst du schon Auto fahren?
Darfst du schon Alkohol trinken?
Darfst du schon allein ins Ausland fahren?

Est-ce que tu peux déjà conduire une voiture ?
Est-ce que tu peux déjà boire de l'alcool ?
Est-ce que tu peux déjà aller seul à l'étranger ?

dürfen
Dürfen wir hier rauchen?
Darf man hier rauchen?

avoir le droit / pouvoir
Est-ce que nous pouvons fumer ici ?
A-t-on le droit de fumer ici ?

Darf man mit Kreditkarte bezahlen?
Darf man mit Scheck bezahlen?
Darf man nur bar bezahlen?

Est-ce qu'on peut payer avec une carte de crédit ?
Est-ce qu'on peut payer par chèque ?
Peut-on payer seulement comptant ?

Darf ich mal eben telefonieren?
Darf ich mal eben etwas fragen?
Darf ich mal eben etwas sagen?

Est-ce que je peux téléphoner ?
Est-ce que je peux vous demander quelque chose ?
Est-ce que je peux vous dire quelque chose ?

Er darf nicht im Park schlafen.
Er darf nicht im Auto schlafen.
Er darf nicht im Bahnhof schlafen.

Il ne peut pas dormir dans le parc.
Il ne peut pas dormir dans la voiture.
Il ne peut pas dormir dans la gare.

Dürfen wir Platz nehmen?
Dürfen wir die Speisekarte haben?
Dürfen wir getrennt zahlen?

Pouvons-nous prendre place ?
Pouvons-nous avoir la carte ?
Pouvons-nous payer séparément ?

74 [vierundsiebzig]

um etwas *bitten*

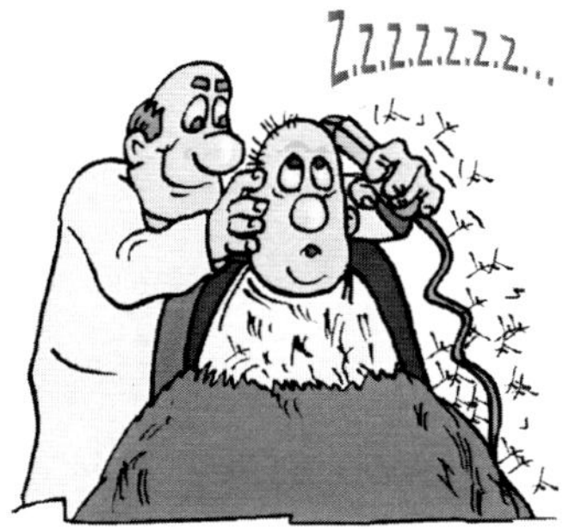

74 [soixante-quatorze]

***demander* qc.**

Können Sie mir die Haare schneiden?
Nicht zu kurz, bitte.
Etwas kürzer, bitte.

Können Sie die Bilder entwickeln?
Die Fotos sind auf der CD.
Die Fotos sind in der Kamera.

Können Sie die Uhr reparieren?
Das Glas ist kaputt.
Die Batterie ist leer.

Können Sie das Hemd bügeln?
Können Sie die Hose reinigen?
Können Sie die Schuhe reparieren?

Können Sie mir Feuer geben?
Haben Sie Streichhölzer oder ein Feuerzeug?
Haben Sie einen Aschenbecher?

Rauchen Sie Zigarren?
Rauchen Sie Zigaretten?
Rauchen Sie Pfeife?

Pourriez-vous me couper les cheveux ?
Pas trop court, s'il vous plait.
Un peu plus court, s'il vous plait.

Pourriez-vous me développer les photos ?
Les photos sont sur le CD.
Les photos sont dans l'appareil photo.

Pourriez-vous me réparer la montre ?
Le verre est cassé.
La pile est vide.

Pourriez-vous me repasser la chemise ?
Pourriez-vous me nettoyer le pantalon ?
Pourriez-vous me réparer les chaussures ?

Pourriez-vous me donner du feu ?
Avez-vous des allumettes ou un briquet ?
Avez-vous un cendrier ?

Fumez-vous des cigares ?
Fumez-vous des cigarettes ?
Fumez-vous la pipe ?

75 [fünfundsiebzig]

etwas *begründen* 1

75 [soixante-quinze]

***argumenter* qc. 1**

Warum kommen Sie nicht?	Pourquoi ne venez-vous pas ?
Das Wetter ist so schlecht.	Le temps est trop mauvais.
Ich komme nicht, weil das Wetter so schlecht ist.	Je ne viens pas parce que le temps est trop mauvais.
Warum kommt er nicht?	Pourquoi ne vient-il pas ?
Er ist nicht eingeladen.	Il n'est pas invité.
Er kommt nicht, weil er nicht eingeladen ist.	Il ne vient pas parce qu'il n'est pas invité.
Warum kommst du nicht?	Pourquoi ne viens-tu pas ?
Ich habe keine Zeit.	Je n'ai pas le temps.
Ich komme nicht, weil ich keine Zeit habe.	Je ne viens pas parce que je n'ai pas le temps.
Warum bleibst du nicht?	Pourquoi ne restes-tu pas ?
Ich muss noch arbeiten.	Je dois encore travailler.
Ich bleibe nicht, weil ich noch arbeiten muss.	Je ne reste pas parce que je dois encore travailler.
Warum gehen Sie schon?	Pourquoi partez-vous déjà ?
Ich bin müde.	Je suis fatigué.
Ich gehe, weil ich müde bin.	Je pars déjà parce que je suis fatigué.
Warum fahren Sie schon?	Pourquoi partez-vous déjà ?
Es ist schon spät.	Il est déjà tard.
Ich fahre, weil es schon spät ist.	Je pars déjà parce qu'il est déjà tard.

76 [sechsundsiebzig]

etwas *begründen* 2

76 [soixante-seize]

***argumenter* qc. 2**

Warum bist du nicht gekommen?
Ich war krank.
Ich bin nicht gekommen, weil ich krank war.

Pourquoi n'es-tu pas venu ?
J'étais malade.
Je ne suis pas venu parce que j'étais malade.

Warum ist sie nicht gekommen?
Sie war müde.
Sie ist nicht gekommen, weil sie müde war.

Pourquoi n'est-elle pas venue ?
Elle était fatiguée.
Elle n'est pas venue parce qu'elle était fatiguée.

Warum ist er nicht gekommen?
Er hatte keine Lust.
Er ist nicht gekommen, weil er keine Lust hatte.

Pourquoi n'est-il pas venu ?
Il n'avait pas envie.
Il n'est pas venu parce qu'il n'avait pas envie.

Warum seid ihr nicht gekommen?
Unser Auto ist kaputt.
Wir sind nicht gekommen, weil unser Auto kaputt ist.

Pourquoi n'êtes-vous pas venus ?
Notre voiture était en panne.
Nous ne sommes pas venus parce que notre voiture était en panne.

Warum sind die Leute nicht gekommen?
Sie haben den Zug verpasst.
Sie sind nicht gekommen, weil sie den Zug verpasst haben.

Pourquoi les gens ne sont-ils pas venus ?
Ils ont manqué le train.
Ils ne sont pas venus parce qu'ils ont manqué le train.

Warum bist du nicht gekommen?
Ich durfte nicht.
Ich bin nicht gekommen, weil ich nicht durfte.

Pourquoi n'es-tu pas venu ?
Je ne le pouvais pas.
Je ne suis pas venu parce que je ne le pouvais pas.

77 [siebenundsiebzig]

etwas *begründen* 3

77 [soixante-dix-sept]

***argumenter* qc. 3**

Warum essen Sie die Torte nicht?
Ich muss abnehmen.
Ich esse sie nicht, weil ich abnehmen muss.

Pourquoi ne mangez-vous pas la tarte ?
Je dois maigrir.
Je ne la mange pas parce que je dois maigrir.

Warum trinken Sie das Bier nicht?
Ich muss noch fahren.
Ich trinke es nicht, weil ich noch fahren muss.

Pourquoi ne buvez-vous pas la bière ?
Je dois encore conduire.
Je ne la bois pas parce que je dois encore conduire.

Warum trinkst du den Kaffee nicht?
Er ist kalt.
Ich trinke ihn nicht, weil er kalt ist.

Pourquoi ne bois-tu pas le café ?
Il est froid.
Je ne le bois pas parce qu'il est froid.

Warum trinkst du den Tee nicht?
Ich habe keinen Zucker.
Ich trinke ihn nicht, weil ich keinen Zucker habe.

Pourquoi ne bois-tu pas le thé ?
Je n'ai pas de sucre.
Je ne le bois pas parce que je n'ai pas de sucre.

Warum essen Sie die Suppe nicht?
Ich habe sie nicht bestellt.
Ich esse sie nicht, weil ich sie nicht bestellt habe.

Pourquoi ne mangez-vous pas la soupe ?
Je ne l'ai pas commandée.
Je ne la mange pas parce que je ne l'ai pas commandée.

Warum essen Sie das Fleisch nicht?
Ich bin Vegetarier.
Ich esse es nicht, weil ich Vegetarier bin.

Pourquoi ne mangez-vous pas la viande ?
Je suis végétarien / végétarienne.
Je ne la mange pas parce que je suis végétarien / végétarienne.

78 [achtundsiebzig]

Adjektive 1

78 [soixante-dix-huit]

Adjectifs 1

eine alte Frau	une vieille femme
eine dicke Frau	une grosse femme
eine neugierige Frau	une femme curieuse
ein neuer Wagen	une nouvelle voiture
ein schneller Wagen	une voiture rapide
ein bequemer Wagen	une voiture confortable
ein blaues Kleid	un vêtement bleu
ein rotes Kleid	un vêtement rouge
ein grünes Kleid	un vêtement vert
eine schwarze Tasche	un sac noir
eine braune Tasche	un sac brun
eine weiße Tasche	un sac blanc
nette Leute	des gens sympathiques
höfliche Leute	des gens polis
interessante Leute	des gens intéressants
liebe Kinder	des enfants affectueux
freche Kinder	des enfants effrontés
brave Kinder	des enfants sages

79 [neunundsiebzig]

Adjektive 2

79 [soixante-dix-neuf]

Adjectifs 2

Ich habe ein blaues Kleid an.
Ich habe ein rotes Kleid an.
Ich habe ein grünes Kleid an.

Je porte une robe bleue.
Je porte une robe rouge.
Je porte une robe verte.

Ich kaufe eine schwarze Tasche.
Ich kaufe eine braune Tasche.
Ich kaufe eine weiße Tasche.

J'achète un sac noir.
J'achète un sac brun.
J'achète un sac blanc.

Ich brauche einen neuen Wagen.
Ich brauche einen schnellen Wagen.
Ich brauche einen bequemen Wagen.

J'ai besoin d'une nouvelle voiture.
J'ai besoin d'une voiture rapide.
J'ai besoin d'une voiture confortable.

Da oben wohnt eine alte Frau.
Da oben wohnt eine dicke Frau.
Da unten wohnt eine neugierige Frau.

En haut habite une vieille femme.
En haut habite une grosse femme.
En bas habite une femme curieuse.

Unsere Gäste waren nette Leute.
Unsere Gäste waren höfliche Leute.
Unsere Gäste waren interessante Leute.

Nos hôtes étaient des gens sympathiques.
Nos hôtes étaient des gens polis.
Nos hôtes étaient des gens intéressants.

Ich habe liebe Kinder.
Aber die Nachbarn haben freche Kinder.
Sind Ihre Kinder brav?

J'ai des enfants affectueux.
Mais, les voisins ont des enfants effrontés.
Est-ce que vos enfants sont sages ?

Adjektive 3

Adjectifs 3

Sie hat einen Hund.
Der Hund ist groß.
Sie hat einen großen Hund.

Elle a un chien.
Le chien est grand.
Elle a un grand chien.

Sie hat ein Haus.
Das Haus ist klein.
Sie hat ein kleines Haus.

Elle a une maison.
La maison est petite.
Elle a une petite maison.

Er wohnt in einem Hotel.
Das Hotel ist billig.
Er wohnt in einem billigen Hotel.

Il loge dans un hôtel.
L'hôtel est bon marché.
Il loge dans un hôtel bon marché.

Er hat ein Auto.
Das Auto ist teuer.
Er hat ein teures Auto.

Il a une voiture.
La voiture est chère.
Il a une voiture chère.

Er liest einen Roman.
Der Roman ist langweilig.
Er liest einen langweiligen Roman.

Il lit un roman.
Le roman est ennuyeux.
Il lit un roman ennuyeux.

Sie sieht einen Film.
Der Film ist spannend.
Sie sieht einen spannenden Film.

Elle regarde un film.
Le film est captivant.
Elle regarde un film captivant.

81 [einundachtzig]

Vergangenheit 1

81 [quatre-vingt-un]

Passé 1

schreiben
Er schrieb einen Brief.
Und sie schrieb eine Karte.

écrire
Il écrivait une lettre.
Et elle écrivait une carte.

lesen
Er las eine Illustrierte.
Und sie las ein Buch.

lire
Il lisait un magazine.
Et elle lisait un livre.

nehmen
Er nahm eine Zigarette.
Sie nahm ein Stück Schokolade.

prendre
Il prenait une cigarette.
Elle prenait un morceau de chocolat.

Er war untreu, aber sie war treu.
Er war faul, aber sie war fleißig.
Er war arm, aber sie war reich.

Alors qu'il était infidèle, elle était fidèle.
Alors qu'il était paresseux, elle était diligente.
Alors qu'il était pauvre, elle était riche.

Er hatte kein Geld, sondern Schulden.
Er hatte kein Glück, sondern Pech.
Er hatte keinen Erfolg, sondern Misserfolg.

Il n'avait pas d'argent, mais au contraire des dettes.
Il n'avait pas de chance, mais au contraire de la malchance.
Il n'avait pas de succès, mais au contraire des échecs.

Er war nicht zufrieden, sondern unzufrieden.
Er war nicht glücklich, sondern unglücklich.
Er war nicht sympathisch, sondern unsympathisch.

Il n'était pas heureux, mais au contraire malheureux.
Il n'était pas chanceux, mais au contraire malchanceux.
Il n'était pas sympathique, mais au contraire antipathique.

82 [zweiundachtzig]

Vergangenheit 2

82 [quatre-vingt-deux]

Passé 2

Musstest du einen Krankenwagen rufen?
Musstest du den Arzt rufen?
Musstest du die Polizei rufen?

Tu devais appeler une ambulance ?
Tu devais appeler le médecin ?
Tu devais appeler la police ?

Haben Sie die Telefonnummer? Gerade hatte ich sie noch.
Haben Sie die Adresse? Gerade hatte ich sie noch.
Haben Sie den Stadtplan? Gerade hatte ich ihn noch.

Avez-vous le numéro de téléphone ? Je l'avais à l'instant.
Avez-vous l'adresse ? Je l'avais à l'instant.
Avez-vous le plan de la ville ? Je l'avais à l'instant.

Kam er pünktlich? Er konnte nicht pünktlich kommen.
Fand er den Weg? Er konnte den Weg nicht finden.
Verstand er dich? Er konnte mich nicht verstehen.

Venait-il à l'heure ? Il ne pouvait pas venir à l'heure.
Trouvait-il le chemin ? Il ne pouvait pas trouver le chemin.
Te comprenait-il ? Il ne pouvait pas me comprendre.

Warum konntest du nicht pünktlich kommen?
Warum konntest du den Weg nicht finden?
Warum konntest du ihn nicht verstehen?

Pourquoi ne pouvais-tu pas venir à l'heure ?
Pourquoi ne pouvais-tu pas trouver le chemin ?
Pourquoi ne pouvais-tu pas le comprendre ?

Ich konnte nicht pünktlich kommen, weil kein Bus fuhr.
Ich konnte den Weg nicht finden, weil ich keinen Stadtplan hatte.
Ich konnte ihn nicht verstehen, weil die Musik so laut war.

Je ne pouvais pas être à l'heure parce qu'aucun bus ne circulait.
Je ne pouvais pas trouver le chemin, parce que je n'avais pas de plan de ville.
Je ne pouvais pas le comprendre parce que la musique était trop forte.

Ich musste ein Taxi nehmen.
Ich musste einen Stadtplan kaufen.
Ich musste das Radio ausschalten.

Je devais prendre un taxi.
Je devais acheter un plan de ville.
Je devais éteindre la radio.

83 [dreiundachtzig]

83 [quatre-vingt-trois]

Vergangenheit 3

Passé 3

telefonieren
Ich habe telefoniert.
Ich habe die ganze Zeit telefoniert.

téléphoner
J'ai téléphoné.
J'ai téléphoné tout le temps.

fragen
Ich habe gefragt.
Ich habe immer gefragt.

demander
J'ai demandé.
J'ai toujours demandé.

erzählen
Ich habe erzählt.
Ich habe die ganze Geschichte erzählt.

raconter
J'ai raconté.
J'ai raconté toute l'histoire.

lernen
Ich habe gelernt.
Ich habe den ganzen Abend gelernt.

étudier
J'ai étudié.
J'ai étudié toute la soirée.

arbeiten
Ich habe gearbeitet.
Ich habe den ganzen Tag gearbeitet.

travailler
J'ai travaillé.
J'ai travaillé toute la journée.

essen
Ich habe gegessen.
Ich habe das ganze Essen gegessen.

manger
J'ai mangé.
J'ai mangé tout le repas.

Vergangenheit 4

Passé 4

lesen
Ich habe gelesen.
Ich habe den ganzen Roman gelesen.

lire
J'ai lu.
J'ai lu tout le roman.

verstehen
Ich habe verstanden.
Ich habe den ganzen Text verstanden.

comprendre
J'ai compris.
J'ai compris tout le texte.

antworten
Ich habe geantwortet.
Ich habe auf alle Fragen geantwortet.

répondre
J'ai répondu.
J'ai répondu à toutes les questions.

Ich weiß das - ich habe das gewusst.
Ich schreibe das - ich habe das geschrieben.
Ich höre das - ich habe das gehört.

Je le sais. - Je l'ai su.
Je l'écris. - Je l'ai écrit.
Je l'entends. - Je l'ai entendu.

Ich hole das - ich habe das geholt.
Ich bringe das - ich habe das gebracht.
Ich kaufe das - ich habe das gekauft.

Je vais le chercher. - Je suis allé le chercher.
Je l'apporte. - Je l'ai apporté.
Je l'achète. - Je l'ai acheté.

Ich erwarte das - ich habe das erwartet.
Ich erkläre das - ich habe das erklärt.
Ich kenne das - ich habe das gekannt.

Je l'attends. - Je l'ai attendu.
Je l'explique. - Je l'ai expliqué.
Je le connais. - Je l'ai connu.

85 [fünfundachtzig]

Fragen - Vergangenheit 1

85 [quatre-vingt-cinq]

Questions - Passé 1

Wie viel haben Sie getrunken?	Combien en avez-vous bu ?
Wie viel haben Sie gearbeitet?	Combien d'heures avez-vous travaillé ?
Wie viel haben Sie geschrieben?	Avez-vous beaucoup écrit ?
Wie haben Sie geschlafen?	Comment avez-vous dormi ?
Wie haben Sie die Prüfung bestanden?	Comment avez-vous passé l'examen ?
Wie haben Sie den Weg gefunden?	Comment avez-vous trouvé le chemin ?
Mit wem haben Sie gesprochen?	Avec qui avez-vous parlé ?
Mit wem haben Sie sich verabredet?	Avec qui avez-vous pris un rendez-vous ?
Mit wem haben Sie Geburtstag gefeiert?	Avec qui avez vous fêté votre anniversaire ?
Wo sind Sie gewesen?	Où êtes-vous allés ?
Wo haben Sie gewohnt?	Où avez-vous habité ?
Wo haben Sie gearbeitet?	Où avez-vous travaillé ?
Was haben Sie empfohlen?	Qu'avez-vous recommandé ?
Was haben Sie gegessen?	Qu'avez-vous mangé ?
Was haben Sie erfahren?	Qu'avez-vous appris ?
Wie schnell sind Sie gefahren?	À quelle vitesse avez-vous conduit ?
Wie lange sind Sie geflogen?	Combien de temps avez-vous volé ?
Wie hoch sind Sie gesprungen?	À quelle hauteur avez-vous sauté ?

86 [sechsundachtzig]

Fragen - Vergangenheit 2

86 [quatre-vingt-six]

Questions - Passé 2

Welche Krawatte hast du getragen?	Quelle cravate as-tu porté ?
Welches Auto hast du gekauft?	Quelle voiture as-tu acheté ?
Welche Zeitung hast du abonniert?	À quel journal t'es-tu abonné ?
Wen haben Sie gesehen?	Qui avez-vous vu ?
Wen haben Sie getroffen?	Qui avez-vous rencontré ?
Wen haben Sie erkannt?	Qui avez-vous reconnu ?
Wann sind Sie aufgestanden?	Quand vous êtes-vous levé ?
Wann haben Sie begonnen?	Quand avez-vous commencé ?
Wann haben Sie aufgehört?	Quand avez-vous arrêté ?
Warum sind Sie aufgewacht?	Pourquoi vous êtes-vous réveillé ?
Warum sind Sie Lehrer geworden?	Pourquoi êtes-vous devenu instituteur ?
Warum haben Sie ein Taxi genommen?	Pourquoi avez-vous pris un taxi ?
Woher sind Sie gekommen?	D'où êtes vous venu ?
Wohin sind Sie gegangen?	Où êtes-vous allé ?
Wo sind Sie gewesen?	Où avez-vous été ?
Wem hast du geholfen?	Qui as-tu aidé ?
Wem hast du geschrieben?	À qui as-tu écrit ?
Wem hast du geantwortet?	À qui as-tu répondu ?

87 [siebenundachtzig]

Vergangenheit der Modalverben 1

87 [quatre-vingt-sept]

Passé des modaux 1

Wir mussten die Blumen gießen.	Nous devions arroser les fleurs.
Wir mussten die Wohnung aufräumen.	Nous devions ranger l'appartement.
Wir mussten das Geschirr spülen.	Nous devions laver la vaisselle.
Musstet ihr die Rechnung bezahlen?	Vous deviez payer la facture ?
Musstet ihr Eintritt bezahlen?	Vous deviez payer l'entrée ?
Musstet ihr eine Strafe bezahlen?	Vous deviez payer l'amende ?
Wer musste sich verabschieden?	Qui devait dire adieu ?
Wer musste früh nach Hause gehen?	Qui devait aller à la maison de bonne heure ?
Wer musste den Zug nehmen?	Qui devait prendre le train ?
Wir wollten nicht lange bleiben.	Nous ne voulions pas rester longtemps.
Wir wollten nichts trinken.	Nous ne voulions rien boire.
Wir wollten nicht stören.	Nous ne voulions pas déranger.
Ich wollte eben telefonieren.	Je voulais juste téléphoner.
Ich wollte ein Taxi bestellen.	Je voulais commander un taxi.
Ich wollte nämlich nach Haus fahren.	En faite, je voulais rentrer à la maison.
Ich dachte, du wolltest deine Frau anrufen.	Je pensais que tu voulais appeler ta femme.
Ich dachte, du wolltest die Auskunft anrufen.	Je pensais que tu voulais appeler les renseignements.
Ich dachte, du wolltest eine Pizza bestellen.	Je pensais que tu voulais commander une pizza.

88 [achtundachtzig]

Vergangenheit der Modalverben 2

88 [quatre-vingt-huit]

Passé des modaux 2

Mein Sohn wollte nicht mit der Puppe spielen.
Meine Tochter wollte nicht Fußball spielen.
Meine Frau wollte nicht mit mir Schach spielen.

Mon fils ne voulait pas jouer à la poupée.
Ma fille ne voulait pas jouer au football.
Ma femme ne voulait pas jouer avec moi aux échecs.

Meine Kinder wollten keinen Spaziergang machen.
Sie wollten nicht das Zimmer aufräumen.
Sie wollten nicht ins Bett gehen.

Mes enfants ne voulaient pas faire de promenade.
Ils ne voulaient pas ranger la chambre.
Ils ne voulaient pas aller au lit.

Er durfte kein Eis essen.
Er durfte keine Schokolade essen.
Er durfte keine Bonbons essen.

Il n'avait pas le droit de manger de glace.
Il n'avait pas le droit de manger de chocolat.
Il n'avait pas le droit de manger de bonbons.

Ich durfte mir etwas wünschen.
Ich durfte mir ein Kleid kaufen.
Ich durfte mir eine Praline nehmen.

Je pouvais me souhaiter quelque chose.
Je pouvais m'acheter une robe.
Je pouvais prendre un praliné.

Durftest du im Flugzeug rauchen?
Durftest du im Krankenhaus Bier trinken?
Durftest du den Hund ins Hotel mitnehmen?

Est-ce que tu pouvais fumer dans l'avion ?
Est-ce que tu pouvais boire de la bière à l'hôpital ?
Est-ce que tu pouvais amener le chien à l'hôtel ?

In den Ferien durften die Kinder lange draußen bleiben.
Sie durften lange im Hof spielen.
Sie durften lange aufbleiben.

Pendant les vacances, les enfants avaient la permission de rester longtemps dehors.
Ils avaient la permission de jouer longtemps dans la cour.
Ils avaient la permission de veiller tard.

89 [neunundachtzig]

Imperativ 1

89 [quatre-vingt-neuf]

Impératif 1

Du bist so faul - sei doch nicht so faul!
Du schläfst so lang - schlaf doch nicht so lang!
Du kommst so spät - komm doch nicht so spät!

Tu es trop paresseux - Ne sois pas si paresseux !
Tu dors trop longtemps - Ne dors pas si longtemps !
Tu viens trop tard - Ne viens pas si tard !

Du lachst so laut - lach doch nicht so laut!
Du sprichst so leise - sprich doch nicht so leise!
Du trinkst zu viel - trink doch nicht so viel!

Tu ris trop fort - Ne ris pas si fort !
Tu parles trop doucement - Ne parle pas si doucement !
Tu bois trop - Ne bois donc pas autant !

Du rauchst zu viel - rauch doch nicht so viel!
Du arbeitest zu viel - arbeite doch nicht so viel!
Du fährst so schnell - fahr doch nicht so schnell!

Tu fumes trop - Ne fume donc pas autant !
Tu travailles trop - Ne travaille donc pas autant !
Tu conduis trop vite - Ne conduis donc pas si vite !

Stehen Sie auf, Herr Müller!
Setzen Sie sich, Herr Müller!
Bleiben Sie sitzen, Herr Müller!

Levez-vous, Monsieur Muller !
Asseyez-vous, Monsieur Muller !
Restez assis, Monsieur Muller !

Haben Sie Geduld!
Nehmen Sie sich Zeit!
Warten Sie einen Moment!

Ayez de la patience !
Prenez votre temps !
Attendez un moment !

Seien Sie vorsichtig!
Seien Sie pünktlich!
Seien Sie nicht dumm!

Soyez prudent !
Soyez à l'heure !
Ne soyez pas bête !

90 [neunzig]

Imperativ 2

90 [quatre-vingt-dix]

Impératif 2

Rasier dich!	Rase-toi !
Wasch dich!	Lave-toi !
Kämm dich!	Coiffe-toi !
Ruf an! Rufen Sie an!	Appelle ! Appelez !
Fang an! Fangen Sie an!	Commence ! Commencez !
Hör auf! Hören Sie auf!	Arrête ! Arrêtez !
Lass das! Lassen Sie das!	Laisse ça ! Laissez ça !
Sag das! Sagen Sie das!	Dis ça ! Dites ça !
Kauf das! Kaufen Sie das!	Achète ça ! Achetez ça !
Sei nie unehrlich!	Ne sois jamais malhonnête !
Sei nie frech!	Ne sois jamais insolent !
Sei nie unhöflich!	Ne sois jamais impoli !
Sei immer ehrlich!	Sois toujours honnête !
Sei immer nett!	Sois toujours gentil !
Sei immer höflich!	Sois toujours poli !
Kommen Sie gut nach Haus!	Rentrez bien chez vous !
Passen Sie gut auf sich auf!	Faites bien attention à vous !
Besuchen Sie uns bald wieder!	Revenez vite nous voir !

91 [einundneunzig]

Nebensätze mit *dass* 1

91 [quatre-vingt-onze]

Subordonnées avec *que* 1

Das Wetter wird vielleicht morgen besser.
Woher wissen Sie das?
Ich hoffe, dass es besser wird.

Le temps sera probablement meilleur demain.
D'où le savez-vous ?
J'espère qu'il sera meilleur.

Er kommt ganz bestimmt.
Ist das sicher?
Ich weiß, dass er kommt.

Il viendra certainement.
Est-ce que c'est sur ?
Je sais qu'il viendra.

Er ruft bestimmt an.
Wirklich?
Ich glaube, dass er anruft.

Il appellera certainement.
Vraiment ?
Je crois qu'il appellera.

Der Wein ist sicher alt.
Wissen Sie das genau?
Ich vermute, dass er alt ist.

Le vin est probablement vieux.
En êtes-vous certain ?
Je suppose qu'il est vieux.

Unser Chef sieht gut aus.
Finden Sie?
Ich finde, dass er sogar sehr gut aussieht.

Notre chef est beau.
Vous trouvez ?
Je trouve même qu'il est très beau.

Der Chef hat bestimmt eine Freundin.
Glauben Sie wirklich?
Es ist gut möglich, dass er eine Freundin hat.

Le chef a certainement une amie.
Le croyez-vous vraiment ?
C'est bien possible qu'il ait une amie.

92 [zweiundneunzig]

Nebensätze mit *dass* 2

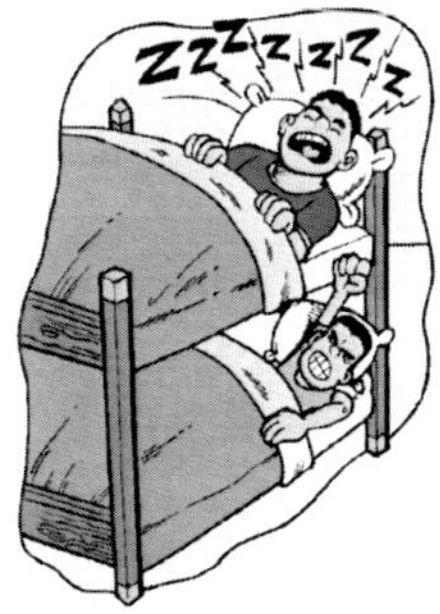

92 [quatre-vingt-douze]

Subordonnées avec *que* 2

Es ärgert mich, dass du schnarchst.
Es ärgert mich, dass du so viel Bier trinkst.
Es ärgert mich, dass du so spät kommst.

Cela me fâche que tu ronfles.
Cela me fâche que tu boives autant de bière.
Cela me fâche que tu arrives si tard.

Ich glaube, dass er einen Arzt braucht.
Ich glaube, dass er krank ist.
Ich glaube, dass er jetzt schläft.

Je crois qu'il a besoin d'un médecin.
Je crois qu'il est malade.
Je crois qu'il est en train de dormir.

Wir hoffen, dass er unsere Tochter heiratet.
Wir hoffen, dass er viel Geld hat.
Wir hoffen, dass er Millionär ist.

Nous espérons que notre fille se mariera.
Nous espérons qu'il a beaucoup d'argent.
Nous espérons qu'il est millionnaire.

Ich habe gehört, dass deine Frau einen Unfall hatte.
Ich habe gehört, dass sie im Krankenhaus liegt.
Ich habe gehört, dass dein Auto total kaputt ist.

J'ai entendu que ta femme avait eu un accident.
J'ai entendu qu'elle est à l'hôpital.
J'ai entendu que ta voiture est complètement détruite.

Es freut mich, dass Sie gekommen sind.
Es freut mich, dass Sie Interesse haben.
Es freut mich, dass Sie das Haus kaufen wollen.

Je me réjouis que vous soyez venu.
Je me réjouis que vous soyez intéressé.
Je me réjouis que vous vouliez acheter la maison.

Ich fürchte, dass der letzte Bus schon weg ist.
Ich fürchte, dass wir ein Taxi nehmen müssen.
Ich fürchte, dass ich kein Geld bei mir habe.

Je crains que le dernier bus ne soit déjà parti.
Je crains que nous ne puissions prendre un taxi.
Je crains de ne pas avoir d'argent sur moi.

93 [dreiundneunzig]

Nebensätze mit *ob*

93 [quatre-vingt-treize]

Subordonnées avec *si*

Ich weiß nicht, ob er mich liebt.
Ich weiß nicht, ob er zurückkommt.
Ich weiß nicht, ob er mich anruft.

Je ne sais pas s'il m'aime.
Je ne sais pas s'il va revenir.
Je ne sais pas s'il va m'appeler.

Ob er mich wohl liebt?
Ob er wohl zurückkommt?
Ob er mich wohl anruft?

Et s'il m'aime ?
Et s'il revient ?
Et s'il m'appelle ?

Ich frage mich, ob er an mich denkt.
Ich frage mich, ob er eine andere hat.
Ich frage mich, ob er lügt.

Je me demande s'il pense à moi.
Je me demande s'il en a une autre.
Je me demande s'il ment.

Ob er wohl an mich denkt?
Ob er wohl eine andere hat?
Ob er wohl die Wahrheit sagt?

Et s'il pense à moi ?
Et s'il en a une autre ?
Et s'il dit la vérité ?

Ich zweifele, ob er mich wirklich mag.
Ich zweifele, ob er mir schreibt.
Ich zweifele, ob er mich heiratet.

Je doute qu'il m'aime vraiment.
Je doute qu'il m'écrive.
Je doute qu'il m'épouse.

Ob er mich wohl wirklich mag?
Ob er mir wohl schreibt?
Ob er mich wohl heiratet?

Et s'il m'aime ?
Et s'il m'écrit ?
Et s'il m'épouse ?

94 [vierundneunzig]

Konjunktionen 1

94 [quatre-vingt-quatorze]

Conjonctions 1

Warte, bis der Regen aufhört.
Warte, bis ich fertig bin.
Warte, bis er zurückkommt.

Attends que la pluie cesse.
Attends que je termine.
Attends qu'il revienne.

Ich warte, bis meine Haare trocken sind.
Ich warte, bis der Film zu Ende ist.
Ich warte, bis die Ampel grün ist.

J'attends que mes cheveux sèchent.
J'attends que le film soit fini.
J'attends que les feux soient au vert.

Wann fährst du in Urlaub?
Noch vor den Sommerferien?
Ja, noch bevor die Sommerferien beginnen.

Quand pars-tu en congé ?
Avant les vacances d'été ?
Oui, avant que les vacances d'été ne commencent.

Reparier das Dach, bevor der Winter beginnt.
Wasch deine Hände, bevor du dich an den Tisch setzt.
Schließ das Fenster, bevor du rausgehst.

Répare le toit avant que l'hiver ne commence.
Lave tes mains avant de t'asseoir à table.
Ferme la fenêtre avant de sortir.

Wann kommst du nach Hause?
Nach dem Unterricht?
Ja, nachdem der Unterricht aus ist.

Quand viens-tu à la maison ?
Après le cours ?
Oui, après que le cours est terminé.

Nachdem er einen Unfall hatte, konnte er nicht mehr arbeiten.
Nachdem er die Arbeit verloren hatte, ist er nach Amerika gegangen.
Nachdem er nach Amerika gegangen war, ist er reich geworden.

Après avoir eu un accident, il ne pouvait plus travailler.
Après avoir perdu son travail, il est allé en Amérique.
Après être allé en Amérique, il est devenu riche.

95 [fünfundneunzig]

Konjunktionen 2

95 [quatre-vingt-quinze]

Conjonctions 2

Seit wann arbeitet sie nicht mehr?
Seit ihrer Heirat?
Ja, sie arbeitet nicht mehr, seitdem sie geheiratet hat.

Depuis quand ne travaille-t-elle plus ?
Depuis son mariage ?
Oui, elle ne travaille plus depuis qu'elle s'est mariée.

Seitdem sie geheiratet hat, arbeitet sie nicht mehr.
Seitdem sie sich kennen, sind sie glücklich.
Seitdem sie Kinder haben, gehen sie selten aus.

Depuis qu'elle s'est mariée, elle ne travaille plus.
Depuis qu'ils se connaissent, ils sont heureux.
Depuis qu'ils ont des enfants, ils sortent rarement.

Wann telefoniert sie?
Während der Fahrt?
Ja, während sie Auto fährt.

Quand téléphone-t-elle ?
Pendant le trajet ?
Oui, en conduisant.

Sie telefoniert, während sie Auto fährt.
Sie sieht fern, während sie bügelt.
Sie hört Musik, während sie ihre Aufgaben macht.

Elle téléphone en conduisant.
Elle regarde la télévision en repassant.
Elle écoute de la musique en faisant ses devoirs.

Ich sehe nichts, wenn ich keine Brille habe.
Ich verstehe nichts, wenn die Musik so laut ist.
Ich rieche nichts, wenn ich Schnupfen habe.

Je ne vois rien lorsque je n'ai pas de lunettes.
Je ne comprends rien quand la musique est trop forte.
Je ne sens rien lorsque j'ai un rhume.

Wir nehmen ein Taxi, wenn es regnet.
Wir reisen um die Welt, wenn wir im Lotto gewinnen.
Wir fangen mit dem Essen an, wenn er nicht bald kommt.

Nous prendrons un taxi s'il pleut.
Nous ferons le tour du monde si nous gagnons à la loterie.
Nous commencerons le repas s'il n'arrive pas bientôt.

96 [sechsundneunzig]

Konjunktionen 3

96 [quatre-vingt-seize]

Conjonctions 3

Ich stehe auf, sobald der Wecker klingelt.
Ich werde müde, sobald ich lernen soll.
Ich höre auf zu arbeiten, sobald ich 60 bin.

Je me lève des que le réveil sonne.
Je me fatigue des que je dois étudier.
J'arrêterai le travail des que j'aurai 60 ans.

Wann rufen Sie an?
Sobald ich einen Moment Zeit habe.
Er ruft an, sobald er etwas Zeit hat.

Quand appellerez-vous ?
Des que j'aurai le temps.
Il appelle des qu'il a le temps.

Wie lange werden Sie arbeiten?
Ich werde arbeiten, solange ich kann.
Ich werde arbeiten, solange ich gesund bin.

Combien de temps travaillerez-vous ?
Je travaillerai aussi longtemps que je le peux.
Je travaillerai aussi longtemps que je serai en bonne santé.

Er liegt im Bett, anstatt dass er arbeitet.
Sie liest die Zeitung, anstatt dass sie kocht.
Er sitzt in der Kneipe, anstatt dass er nach Hause geht.

Il reste au lit au lieu de travailler.
Elle lit le journal au lieu de faire la cuisine.
Il est assis au bistrot au lieu d'aller à la maison.

Soweit ich weiß, wohnt er hier.
Soweit ich weiß, ist seine Frau krank.
Soweit ich weiß, ist er arbeitslos.

Autant que je le sache, il habite ici.
Autant que je le sache, sa femme est malade.
Autant que je le sache, il est au chômage.

Ich hatte verschlafen, sonst wäre ich pünktlich gewesen.
Ich hatte den Bus verpasst, sonst wäre ich pünktlich gewesen.
Ich hatte den Weg nicht gefunden, sonst wäre ich pünktlich gewesen.

Si je ne m'étais pas endormi, j'aurais été à l'heure.
Si je n'avais pas manqué le bus, j'aurais été à l'heure.
Si je ne m'étais pas perdu, j'aurais été à l'heure.

97 [siebenundneunzig]

Konjunktionen 4

97 [quatre-vingt-dix-sept]

Conjonctions 4

Er ist eingeschlafen, obwohl der Fernseher an war.
Er ist noch geblieben, obwohl es schon spät war.
Er ist nicht gekommen, obwohl wir uns verabredet hatten.

Der Fernseher war an. Trotzdem ist er eingeschlafen.
Es war schon spät. Trotzdem ist er noch geblieben.
Wir hatten uns verabredet. Trotzdem ist er nicht gekommen.

Obwohl er keinen Führerschein hat, fährt er Auto.
Obwohl die Straße glatt ist, fährt er schnell.
Obwohl er betrunken ist, fährt er mit dem Rad.

Er hat keinen Führerschein. Trotzdem fährt er Auto.
Die Straße ist glatt. Trotzdem fährt er so schnell.
Er ist betrunken. Trotzdem fährt er mit dem Rad.

Sie findet keine Stelle, obwohl sie studiert hat.
Sie geht nicht zum Arzt, obwohl sie Schmerzen hat.
Sie kauft ein Auto, obwohl sie kein Geld hat.

Sie hat studiert. Trotzdem findet sie keine Stelle.
Sie hat Schmerzen. Trotzdem geht sie nicht zum Arzt.
Sie hat kein Geld. Trotzdem kauft sie ein Auto.

Il s'est endormi quoique la télévision ait été allumée.
Il est encore resté quoiqu'il était déjà tard.
Il n'est pas venu quoique nous nous soyons donné rendez-vous.

La télévision était allumée. Malgré tout, il s'est endormi.
Il était déjà tard. Malgré tout, il est encore resté.
Nous nous étions donné rendez-vous. Malgré tout, il n'est pas venu.

Quoiqu'il n'ait pas de permis de conduire, il va en voiture.
Quoique la route soit verglacée, il roule vite.
Quoiqu'il soit ivre, il fait de la bicyclette.

Il n'a pas de permis de conduire. Malgré tout, il va en voiture.
La route est verglacée. Malgré tout, il roule vite.
Il est ivre. Malgré tout il fait de la bicyclette.

Elle ne trouve aucun emploi quoiqu'elle ait fait des études.
Elle ne va pas chez le médecin quoiqu'elle souffre.
Elle achète une voiture quoiqu'elle n'ait pas d'argent.

Elle a fait des études. Malgré tout, elle n'a pas trouvé d'emploi.
Elle souffre. Malgré tout, elle ne va pas chez le médecin.
Elle n'a pas d'argent. Malgré tout, elle achète une voiture.

98 [achtundneunzig]

Doppelte Konjunktionen

98 [quatre-vingt-dix-huit]

Conjonctions doubles

Die Reise war zwar schön, aber zu anstrengend.
Der Zug war zwar pünktlich, aber zu voll.
Das Hotel war zwar gemütlich, aber zu teuer.

Le voyage était certes beau mais trop fatigant.
Le train était certes à l'heure, mais complet.
L'hôtel était certes agréable, mais trop cher.

Er nimmt entweder den Bus oder den Zug.
Er kommt entweder heute Abend oder morgen früh.
Er wohnt entweder bei uns oder im Hotel.

Il prend soit le bus soit le train.
Il vient soit ce soir soit demain matin.
Il loge soit chez nous soit à l'hôtel.

Sie spricht sowohl Spanisch als auch Englisch.
Sie hat sowohl in Madrid als auch in London gelebt.
Sie kennt sowohl Spanien als auch England.

Elle parle non seulement l'espagnol mais aussi l'anglais.
Elle a vécu non seulement à Madrid mais aussi à Londres.
Elle connaît non seulement l'Espagne mais aussi l'Angleterre.

Er ist nicht nur dumm, sondern auch faul.
Sie ist nicht nur hübsch, sondern auch intelligent.
Sie spricht nicht nur Deutsch, sondern auch Französisch.

Il est non seulement bête, mais aussi paresseux.
Elle est non seulement jolie, mais aussi intelligente.
Elle parle non seulement l'allemand, mais aussi le français.

Ich kann weder Klavier noch Gitarre spielen.
Ich kann weder Walzer noch Samba tanzen.
Ich mag weder Oper noch Ballett.

Je ne sais jouer ni du piano ni de la guitare.
Je ne sais danser ni la valse ni la samba.
Je n'aime ni l'opéra ni le ballet.

Je schneller du arbeitest, desto früher bist du fertig.
Je früher du kommst, desto früher kannst du gehen.
Je älter man wird, desto bequemer man wird.

Plus tu travailles vite, plutôt tu auras terminé.
Plutôt tu viens, plutôt tu seras parti.
Plus on vieillit, plus on aime se mettre à l'aise.

99 [neunundneunzig]

Genitiv

99 [quatre-vingt-dix-neuf]

Génitif

die Katze meiner Freundin	Le chat de mon amie.
der Hund meines Freundes	Le chien de mon ami.
die Spielsachen meiner Kinder	Les jouets de mes enfants.
Das ist der Mantel meines Kollegen.	C'est le manteau de mon collègue.
Das ist das Auto meiner Kollegin.	C'est la voiture de ma collègue.
Das ist die Arbeit meiner Kollegen.	C'est le travail de mes collègues.
Der Knopf von dem Hemd ist ab.	Le bouton de la chemise est parti.
Der Schlüssel von der Garage ist weg.	La clef du garage n'est pas là.
Der Computer vom Chef ist kaputt.	L'ordinateur du chef est cassé.
Wer sind die Eltern des Mädchens?	Qui sont les parents de la jeune fille ?
Wie komme ich zum Haus ihrer Eltern?	Comment est-ce que j'arrive à la maison de ses parents ?
Das Haus steht am Ende der Straße.	La maison est située au bout de la rue.
Wie heißt die Hauptstadt von der Schweiz?	Comment s'appelle la capitale de la Suisse ?
Wie heißt der Titel von dem Buch?	Quel est le titre de ce livre ?
Wie heißen die Kinder von den Nachbarn?	Comment s'appellent les enfants des voisins ?
Wann sind die Schulferien von den Kindern?	A quelle date sont les vacances des enfants ?
Wann sind die Sprechzeiten von dem Arzt?	Quelles sont les heures de consultation du médecin ?
Wann sind die Öffnungszeiten von dem Museum?	Quelles sont les heures d'ouverture du musée ?

100 [hundert]

Adverbien

100 [cent]

Adverbes

schon einmal - noch nie
Sind Sie schon einmal in Berlin gewesen?
Nein, noch nie.

déjà – pas encore
Avez-vous déjà été à Berlin ?
Non, pas encore.

jemand - niemand
Kennen Sie hier jemand(en)?
Nein, ich kenne hier niemand(en).

quelqu'un - personne
Connaissez-vous quelqu'un ici ?
Non, je ne connais personne ici.

noch - nicht mehr
Bleiben Sie noch lange hier?
Nein, ich bleibe nicht mehr lange hier.

encore - ne ... plus
Restez-vous encore longtemps ici ?
Non, je ne reste plus longtemps ici.

noch etwas - nichts mehr
Möchten Sie noch etwas trinken?
Nein, ich möchte nichts mehr.

encore quelque chose - plus rien
Voulez-vous encore boire quelque chose ?
Non, je ne désire plus rien.

schon etwas - noch nichts
Haben Sie schon etwas gegessen?
Nein, ich habe noch nichts gegessen.

déjà quelque chose - encore rien
Avez-vous déjà mangé quelque chose ?
Non, je n'ai encore rien mangé.

noch jemand - niemand mehr
Möchte noch jemand einen Kaffee?
Nein, niemand mehr.

encore quelqu'un - plus personne
Est-ce que quelqu'un voudrait encore un café ?
Non, plus personne.

END